HENRI NOUWEN

Nach Hause finden
Wege zu einem erfüllteren Leben

Aus dem Amerikanischen übersetzt
von Ingrid Proß-Gill

FREIBURG · BASEL · WIEN

HERDER spektrum Band 6301

Für Kathy Christie

Titel der Originalausgabe:
Finding My Way Home
Pathways to Life and the Spirit
The Crossroad Publishing Company
481 Eighth Avenue, New York, NY 10001
© The Henri Nouwen Legacy Trust, Richmond Hill 2001/2009

Deutschsprachige Erstausgabe: © Verlag Herder GmbH,
Freiburg im Breisgau 2004

2. Auflage 2012

© Verlag Herder GmbH, Freiburg im Breisgau 2010
Alle Rechte vorbehalten
www.herder.de
Umschlagmotiv: © plainpicture
Umschlagkonzeption und -gestaltung
R · M · E Eschlbeck / Hanel / Gober

Herstellung: CPI – Clausen & Bosse, Leck

Printed in Germany

ISBN 978-3-451-06301-5

INHALT

Vorwort
von Wendy Wilson Greer 7

Einleitung
von Sue Mosteller 13

Der Weg der Macht 19

Der Weg des Friedens 47

Der Weg des Wartens 79

Der Weg des Lebens und Sterbens . . 107

Worte des Dankes 139

VORWORT

Vor kurzem kam ich aus Toronto zurück, nach sechs wundervollen Tagen in der *Arche*-Gemeinschaft »Daybreak« in Richmond Hill, wo Henri Nouwen die letzten zehn Jahre seines Lebens verbracht hatte. Es war ein wirklich sehr anregender Besuch! Meine Rückreise nach New York allerdings war frustrierend. Auf dem Flughafen La Guardia herrschte so dichter Verkehr, dass unser Flugzeug in Toronto nicht starten durfte; auch andere Flüge waren verspätet, und Hunderte von Passagieren saßen fest. Zum Glück bekamen wir dann Plätze in einer Maschine nach Newark, doch alles in allem war es eine sehr enttäuschende Erfahrung. In der Zeit, die ich in jener Nacht brauchte, um »nach Hause zu finden«, hätte ich zum anderen Ende des Kontinents fliegen können ...

In *Nach Hause finden* schreibt Henri Nouwen über eine ganz andere Reise (S. 137):

Auf unserer spirituellen Reise sind wir gerufen, diesen lebendigen Gott der Liebe zu suchen und zu finden – durch Gebet und Gottesdienst, durch spirituelle Lektüre, durch Menschen, die uns geistliche Begleiter sind, durch mitfühlenden Dienst an den Armen und durch gute Freunde. Lasst uns die Wahrheit in Anspruch nehmen, dass wir geliebt werden, und unsere Herzen öffnen, um Gottes überströmende Liebe zu empfangen, die für uns ausgegossen wird.

Wie einfach das klingt! Unsere eigentliche Reise führt uns also zur Entdeckung der vollkommenen Liebe, die nur Gott uns geben kann.

Doch wie können wir es schaffen, uns nicht von dieser Reise abbringen zu lassen? Die Enttäuschungen, die wir auf unserer spirituellen Reise erfahren, ähneln denen, die ich auf dem Flughafen von Toronto erlebte. Was machen wir, wenn wir dabei auf Hindernisse stoßen? Wenn es uns Angst einjagt und uns wütend macht, dass wir warten müssen? Nach Henri Nouwen ist das Warten für viele von uns »eine Durststrecke zwischen dem Punkt, wo wir sind, und dem, an den wir gelangen wollen« (S. 82). Er macht uns Mut, das Warten aus zwei verschiedenen Perspektiven zu betrachten: als unser *Warten auf Gott* und als *Gottes Warten* auf uns.

Die meisten von uns denken mehr über die erste Perspektive nach, doch wenn wir erkennen, dass Gott auf uns wartet und sich nach uns sehnt, entdecken wir die tiefste Liebe überhaupt – die Liebe Gottes. Für mich und für unzählige Menschen auf der ganzen Welt ist Henri Nouwen ein Gefährte auf dieser Reise. Doch der wichtigste Führer auf dem Weg ist für ihn – und für uns – Jesus: »Wir wollen unsere Gebrochenheit, Begrenztheit, Verletztheit und Zerbrechlichkeit mit Gottes Augen sehen. Wir wollen sie so betrachten, wie Jesus es uns gelehrt hat; dann können wir einen sicheren Weg für unsere Reise auf der Erde finden« (S. 22). Henri sagt, dass die Seligpreisungen ein Selbstbildnis Jesu sind – die meisten von uns entsprechen diesem Bild aber leider nicht!

In unserer Gesellschaft, wo der Wert eines Menschen gewöhnlich durch Erfolg, Beliebtheit und Einfluss bestimmt wird, ist Henri Nouwens Theologie von der Bewegung nach unten ganz gewiss nicht besonders populär. Versuchen Sie doch einmal, einem Teilnehmer an den Olympischen Spielen zu erzählen, dass diejenigen, die keine Medaille erringen, ebenso gut sind wie die Gewinner der Goldmedaillen! In *Nach Hause finden* steht jedoch: »Wenn ihr gewinnt und einen Preis bekommt, wisst ihr, dass ein anderer verloren hat. Im Herzen Gottes aber ist es anders. Wenn ihr im Herzen Gottes auserwählt worden seid, habt ihr Augen, um zu sehen, dass auch andere auserwählt worden sind« (S. 118).

Henri Nouwen erinnert uns daran, dass unsere Zeit auf der Erde sehr kurz ist, dass Gott uns aber schon vor unserer Geburt geliebt hat und auch nach unserem Tod weiter lieben wird. Er schreibt: »Dieses kurze Leben ist meine Chance, Liebe zu empfangen, Liebe zu vertiefen, in Liebe zu wachsen und Liebe zu geben« (S. 125). In *Nach Hause finden* entdecken wir, dass es bei Gottes »Macht« nicht um weltlichen Erfolg geht, sondern um die Fruchtbarkeit und die »alles verwandelnde Macht der Liebe«. Je besser wir die Macht der Liebe verstehen, desto mehr wachsen wir und verlieren unsere Angst. Unsere endgültige Reise nach Hause wird dann ein »Exodus«, bei dem wir diese Welt verlassen, »um zur vollen Gemeinschaft mit Gott zu finden« (S. 123).

Henri Nouwen hat seine endgültige Reise nach Hause 1996 angetreten, und er hinterließ ein reiches

Erbe. Er blickte immer auf Jesus und war mit dem Herzen bei ihm, und wie Jesus lebte er gläubig, leidenschaftlich und authentisch und machte sein Leben durch seinen Tod überaus fruchtbar. Dieses ungewöhnliche Buch inspiriert uns dazu, den gleichen Weg voller Zuversicht zu gehen, damit auch wir nach Hause finden.

>
> WENDY WILSON GREER
> *Präsidentin der Henri Nouwen Society*
> *New York*

EINLEITUNG

Ich lief vorbei, doch Henri blieb jedes Mal stehen, wenn uns ein Obdachloser auf der Straße um Geld bat. Er fand dann nicht nur Münzen in seiner Tasche, sondern nahm sich im Allgemeinen auch die Zeit, mit diesem Menschen zu sprechen, ihm ein paar Fragen zu stellen und sich seine Geschichte anzuhören. Der Anblick eines in Not geratenen Bruders stieß ihn nicht ab, und obwohl manche der Leute, die auf der Straße lebten, ziemlich wild aussahen, hatte er überhaupt keine Angst vor ihnen. Die Geschichte, die er gehört hatte, beschäftigte ihn noch tagelang, und oft erwähnte er den Betreffenden namentlich, wenn er die Eucharistie feierte. Ich selbst hatte die übliche Reaktion unserer Gesellschaft übernommen, ich »sah« die Obdachlosen gar nicht mehr. Henri aber blieb stehen. Er fühlte sich mit den Obdachlosen verwandt, da auch er sich sehr nach einem »Zuhause« sehnte.

Nach Hause finden – Wege zu einem erfüllteren Leben ist ein Buch über das heute so weit verbreitete Gefühl der Heimatlosigkeit und die Sehnsucht danach, wirklich zu Hause zu sein. Es besteht aus drei Beiträgen, »Der Weg der Macht«, »Der Weg des Friedens« und »Der Weg des Wartens«, die 1995 erstmals im *Verlag Crossroad* erschienen, und einem neuen, aus bisher unveröffentlichten Quellen zusammengestellten Text, »Der Weg des Lebens und Sterbens«.

Ich erinnere mich noch gut daran, wie sehr »Der Weg der Macht« mich beim ersten Lesen berührte. Wieder einmal benutzt Henri auf unvergleichliche Weise sein Verfahren, eine Einsicht in drei Punkten zu erläutern – doch in diesem Beitrag wählt er für ganz unterschiedliche Aspekte das gleiche Wort! Unter der Überschrift »Macht« spricht er über das zerstörerische Wesen der wirtschaftlichen und politischen Macht und, was noch schlimmer ist, den Missbrauch religiöser Macht. Er trifft sehr scharf den Punkt! Unter der zweiten Überschrift, »Ohnmacht«, beschäftigt er sich mit dem genauen Gegenteil und beschreibt, wie unser Gott in der Gestalt von Jesus die Bewegung nach unten wählte, um uns zu einem Leben der Nähe zu ihm einzuladen. Und dann verwendet Henri erneut »Macht« als Überschrift für den dritten Teil, wo er auf brillante Weise zeigt, dass die Macht Gottes die Macht der Liebe ist, die in uns schöpferische Kraft, Führungsvermögen und neue Initiativen für das Reich Gottes erzeugt. Diese »zweite« Macht – die mit dem Bild von Jesus verbunden ist, das in den Seligpreisungen gezeichnet wird – können wir für uns in Anspruch nehmen und ausüben. Bei unserer spirituellen Reise nach Hause ist gerade unsere Schwäche Macht!

Im »Weg des Friedens« teilt Henri mit uns, was er von Adam, seinem Freund und Mentor in der *Arche*-Gemeinschaft »Daybreak«, lernte. Mit Adam erlebte er etwas, was ihm bis dahin noch nie passiert war, und deshalb suchte er dann nach den Quellen von Adams Frieden. Er wurde nicht nur selbst von diesem Frieden angerührt, sondern sah ihn auch aus Adams Herz in die Herzen der Menschen um ihn herum strömen. Adam war ein ungewöhnlicher Lehrer – er beeindruckte Henri durch die erstaunliche Schönheit, die es hat, wenn ein Mensch einfach nur »ist«, wenn er für einen anderen gegenwärtig ist, ohne dass Worte nötig wären, wenn er stärker in Beziehungen verwurzelt ist als im Kopf und keine Angst vor gegenseitiger Abhängigkeit hat. Adam, Henris wortloser Führer, bringt uns zu tiefen Quellen des Friedens.

Im »Weg des Wartens« befasst Henri sich mit der in unserer Kultur so verbreiteten Angst vor dem Unbekannten und unserem Bedürfnis, es unter Kontrolle zu bringen. Bei Zacharias und Elisabet in der Kindheitsgeschichte des Lukasevangeliums war das anders. Sie hofften auf ein Kind, das ihnen erst im Alter geschenkt wurde. Auch Maria, die Mutter Jesu, und Simeon, der viele Jahre im Tempel lebte, entschieden sich dafür, auf die volle Offenbarung der Verheißung Gottes zu warten. Für Henri ist all unser Warten ein Warten auf Gott. Er zeigt uns aber auch, dass andererseits Gott auf uns wartet. Henri betrachtet das Warten nicht als etwas Schmerzhaftes oder Passives, sondern als Chance, sich ganz lebendig und aktiv zu fühlen. Wenn wir für den Augenblick da sind, wenn wir zusammen warten, nicht allein, und unsere Wünsche in Hoffnungen verwandeln, lernen wir, »geduldig in der Hoffnung zu warten«.

»Der Weg des Lebens und Sterbens« stammt teils aus einer Rede, die Henri bei der *National Catholic HIV/AIDS Conference* in Chicago hielt, teils aus einem Interview, das er der Zeitschrift *Crosspoint* gab. Als ich das Material zusammenstellte, fiel mir auf, wie eindringlich Henri uns dazu aufruft, zu glauben und unsere wahre Identität als Kinder Gottes anzunehmen. Er sagt immer wieder, dass Jesus die Worte, die bei seiner Taufe gesprochen wurden, hörte und glaubte: »Du bist mein geliebter Sohn, auf dir ruht mein Gefallen.« Henri fordert uns eindringlich auf, in unser Herz zu hören und nach diesen Worten zu lauschen, damit wir die Wahrheit unseres Lebens erkennen und annehmen – als geliebte Söhne und Töchter Gottes in der Welt zu leben bedeutet eben nicht das Gleiche, wie einfach nur in der Welt zu leben. Henri bringt uns Leserinnen und Leser sanft dazu, nicht so sehr vom Erfolg zu träumen, sondern eher von Fruchtbarkeit, weil die Fruchtbarkeit über Erfolg, über Schwäche oder Erniedrigung und sogar über den Tod hinausreicht.

Da das Material für »Der Weg des Lebens und Sterbens« nicht von Henri selbst schriftlich ausgearbeitet wurde, habe ich mir als Herausgeberin die Freiheit genommen, ihm mehr Zusammenhang zu verleihen. Ich habe viele von Henri geschriebene Texte gelesen und bin überzeugt, dass der hier abgedruckte Text seine Gedanken getreu wiedergibt.

Einleitung

Nach Hause finden ist eine Anregung für die spirituelle Reise. Es benennt die Kräfte, die uns zu einem unerfüllten ich-zentrierten Leben verführen wollen. Und es zeigt uns ganz praktische Entscheidungsmöglichkeiten, wie wir auf dem Weg bleiben können, der unserem Leben einen gläubigen Sinn schenkt. Wenn wir es lesen, erfahren wir das, was Henri »nach Hause finden« nennen würde.

Sue Mosteller
Henri Nouwen Literary Centre
Arche-Gemeinschaft Daybreak, Kanada

DER WEG DER MACHT

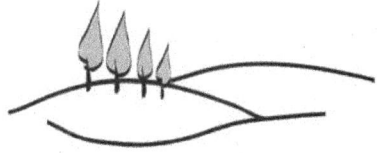

WENN ICH IM FLUGZEUG SITZE und auf die Flüsse, Seen und Berge, die gewundenen Straßen und die verstreuten Dörfer hinabblicke, dann frage ich mich, wieso es für die Menschen so schwer ist, in Frieden zusammenzuleben. Die Astronauten, die unseren Blauen Planeten von ihrem Spaceshuttle aus sahen, waren von seiner Schönheit so überwältigt, dass sie gar nicht mehr glauben konnten, dass seine Bewohner damit beschäftigt waren, ihre eigene Heimat zu zerstören und sich durch Kriege und Ausbeutung gegenseitig umzubringen.

Manchmal hilft ein gewisser Abstand, ein schärferes Bild vom Zustand der Menschheit zu bekommen und einige sehr gute kritische Fragen aufzuwerfen!

Wir wollen unsere Welt deshalb aus einiger Entfernung betrachten – nicht von einem Flugzeug oder Raumschiff aus, sondern aus der spirituellen Entfernung unseres Glaubens; wir wollen uns selbst, unser Menschsein, von oben und mit den Augen

Der Weg der Macht

Gottes betrachten. Jesus blickte immer mit den Augen Gottes auf die Menschen und versuchte, uns zu lehren, so zu sehen wie er. Er sagte: »Ich komme von oben, und ich will, dass ihr von oben wiedergeboren werdet, sodass ihr mit anderen Augen sehen könnt.«

Darum geht es bei der Theologie: die Wirklichkeit mit Gottes Augen zu betrachten. Und es gibt so viel zu sehen: Erde und Himmel, Sonne, Sterne und Mond, Frauen, Männer und Kinder, Kontinente, Länder, Städte und Dörfer und unzählige Ereignisse in der Vergangenheit, der Gegenwart und der Zukunft. Deshalb gibt es ja so viele Theologien. Die Bibel hilft uns dabei, die unermessliche Vielfalt der Schöpfung mit Gottes Augen zu sehen und dadurch zu erkennen, wie wir leben sollen.

Beim Weg der Macht geht es in Wirklichkeit um eine Theologie der Schwäche. Wir wollen unsere Gebrochenheit, Begrenztheit, Verletztheit und Zerbrechlichkeit mit Gottes Augen sehen. Wir wollen sie so betrachten, wie Jesus es uns gelehrt hat; dann können wir einen sicheren Weg für unsere Reise auf der Erde finden. Ich werde mich hier auf drei Wörter konzentrieren: »Macht«, »Ohnmacht« und noch einmal »Macht«. Zunächst werde ich mich mit der Macht beschäftigen, die unterdrückt und zerstört; danach werde ich zeigen, wie diese Macht durch Ohnmacht entwaffnet werden kann, und schließlich die wahre Macht verkünden, die befreit, versöhnt und heilt.

Macht

I. Wenn Gott unsere Welt betrachtet, muss er weinen. Er muss weinen, weil die Gier nach Macht den Geist der Menschen gefangen genommen und verdorben hat. In den Nachrichten und sogar in unseren Familien und in uns selbst sehen wir statt Dankbarkeit Verbitterung, statt Vergebung Rache, statt Heilung Verletzungen, statt Mitgefühl Konkurrenzkämpfe, statt Zusammenarbeit Gewalt und statt Liebe eine unendlich große Angst.

Gott muss weinen, wenn er auf unsere schöne Erde herabblickt und sieht, dass Tausende verstümmelter Körper auf den Schlachtfeldern liegen, einsame Kinder durch die Straßen der Großstädte streifen, Gefangene hinter Gittern und dicken Mauern weg-gesperrt werden, Männer und Frauen mit einer mentalen oder psychischen Störung in großen Einrichtungen dahindämmern und Millionen von Menschen durch Hunger und Vernachlässigung sterben. Gott muss weinen, denn er weiß, welche Schmerzen und Qualen wir über uns gebracht haben, weil wir unser Schicksal selbst in die Hand nehmen und den Herrn über andere spielen wollten.

Sehen wir uns mit den Augen Gottes in der Welt und in uns selbst um, so erblicken wir überall die Gier nach Macht. Weshalb töten die Serben und die Muslime sich gegenseitig? Weshalb verüben die Protestanten und die Katholiken Bombenanschläge gegeneinander? Weshalb wird der Präsident ermordet, der Premierminister entführt, und weshalb begehen politische Führer Selbstmord?

Und wie sieht es in unserem eigenen Herzen aus? Sorgen wir uns nicht ständig darum, ob man uns bemerkt und schätzt und ob sich das auch auszahlt? Fragen wir uns nicht immer, ob wir besser oder schlechter, stärker oder schwächer, schneller oder langsamer sind als derjenige, der neben uns steht? Haben wir nicht schon in der Grundschule die meisten anderen als Konkurrenten beim Wettlauf um Erfolg, Einfluss und Beliebtheit empfunden? Und ... sind wir uns nicht so unsicher, wer wir sind, dass wir jede, wirklich jede Form der Macht ergreifen, durch die wir auch nur ein bisschen Kontrolle darüber bekommen, wer wir sind, was wir machen und wohin wir gehen?

Wenn wir bereit sind, die Welt mit Gottes Augen zu sehen, erkennen wir schnell, dass das, was in Bosnien, Südafrika, Irland oder Los Angeles passiert, sich gar nicht viel von dem unterscheidet, was in unserem Herzen geschieht. Sobald unsere eigene Sicherheit bedroht ist, packen wir einen Knüppel oder greifen zu einer Waffe und sagen, es komme jetzt darauf an, dass wir selbst überleben, auch wenn Tausende anderer es nicht schaffen.

Ich kenne meine eigenen Knüppel und Waffen! Manchmal ist es ein Freund, der mehr Einfluss hat als ich, manchmal Geld oder ein Titel, eine kleine Begabung, die andere nicht haben, Insiderwissen, eine versteckte Erinnerung oder auch nur ein abschätziger Blick – wenn ich einen Knüppel oder eine Waffe brauche, um die Kontrolle zu behalten, ergreife ich sie schnell, ohne groß zu zögern. Bevor mir das richtig bewusst wird, habe ich dann meine Freunde weggestoßen und sie dabei vielleicht verletzt.

Gott blickt auf uns herab und weint, weil wir uns

Der Weg der Macht

jedes Mal, wenn wir Macht benutzen, um uns besser zu fühlen oder uns durchzusetzen, von Gott und voneinander trennen, sodass unser Leben in der ursprünglichen Bedeutung des Wortes *dia-bolisch* wird: *entzweiend*.

II. Es gibt aber etwas, was noch schlimmer ist als unsere Ausübung von wirtschaftlicher oder politischer Macht: religiöse Macht. Wenn Gott auf unsere Welt herabschaut, muss er nicht nur weinen, sondern auch zornig sein – weil viele von uns, die beten, Gott preisen und »Herr, Herr« zu ihm rufen, ebenfalls durch Macht verdorben sind. In seinem Zorn sagt Gott: »Dieses Volk nähert sich mir nur mit Worten und ehrt mich bloß mit den Lippen, sein Herz aber hält es von mir fern, seine Furcht vor mir beruht nur auf einem angelernten menschlichen Gebot« (Jesaja 29,13).

Die heimtückischste, entzweiendste und verletzendste Macht ist die, die im Dienst Gottes ausgeübt wird. Die Zahl der Menschen, die durch die Religion verletzt worden sind, überwältigt mich. Ein unfreundliches oder tadelndes Wort von einem Pfarrer oder Priester, eine kritische Bemerkung in der Kirche über eine bestimmte Art der Lebensführung, die Weigerung, Menschen am Tisch willkommen zu heißen, das Fernbleiben bei einer Krankheit oder einem Tod und zahllose andere Verletzungen haften Menschen oft besser im Gedächtnis als weltlichere Zurückweisungen. Tausende von geschiedenen Männern und Frauen, von Schwulen und Lesben und all die obdach- und heimatlosen Menschen, die sich in den Gotteshäusern ihrer Brüder und Schwestern in der menschlichen Familie nicht willkommen fühlten, haben sich von Gott abgewandt, weil sie die Ausübung von Macht erlebten, als sie ein Zeichen der Liebe erwarteten.

Wie vernichtend der Einfluss von Macht in den Händen der Diener Gottes ist, wird ganz deutlich, wenn wir an die Kreuzzüge denken, an die Pogrome, die Politik der Apartheid und die lange Geschichte der Religionskriege bis zum heutigen Tag. Und viele der religiösen Bewegungen unserer Zeit bereiten den Boden dafür, dass diese unfassbaren menschlichen Tragödien sich erneut ereignen können.

In der heutigen Zeit großer wirtschaftlicher und politischer Unsicherheit ist es eine der stärksten Versuchungen, unseren Glauben zu benutzen, um

Der Weg der Macht

Macht über andere auszuüben und Gottes Gebote durch menschliche zu ersetzen.

Es ist leicht zu verstehen, dass sich so viele Menschen voller Abscheu von allem abgewendet haben, was auch nur entfernt mit der Religion zu tun hat. Wenn Macht dazu eingesetzt wird, gute Nachrichten zu verkünden, werden diese Nachrichten sehr schnell zu schlechten, ganz schlechten. Und ich glaube, genau das ruft Gottes Zorn hervor.

Gott blickt aber nicht nur mit Trauer und Zorn auf uns herab; viel größer als seine Trauer und sein Zorn ist seine Gnade. Schon der Psalmist sagt, dass Gottes Zorn »nur einen Augenblick« dauert (Psalm 30,6). In seiner allumfassenden Güte beschließt Gott, die Macht des Bösen durch Ohnmacht – seine eigene Ohnmacht – zu entwaffnen.

Ohnmacht

I. Wie sah und sieht Gottes Reaktion auf die diabolische, entzweiende Macht, die die Welt beherrscht und Menschen und Länder zerstört, aus? Die Antwort ist ein tiefes, ein vollständiges Geheimnis, denn dafür wählte Gott die Ohnmacht. Er beschloss, in völliger Schwäche in die Menschheitsgeschichte einzutreten. Diese Entscheidung Gottes bildet den Kern des christlichen Glaubens. In Jesus von Nazaret erschien der ohnmächtige Gott unter uns, um die Täuschung der Macht zu entlarven, um den Fürsten der Finsternis, der die Welt beherrscht, zu entwaffnen und der entzweiten Menschheit eine neue Einheit zu bringen. Gott zeigt uns seine Gnade durch völlige, radikale Ohnmacht. Er hat beschlossen, uns die Herrlichkeit, Schönheit, Wahrheit und Freude, den Frieden und vor allem die Liebe in der gänzlichen Entäußerung jeder Macht und durch sie zu offenbaren. Dieses göttliche Geheimnis können wir kaum begreifen. Wir beten ja weiter zu »Gott, dem Allmächtigen«. Doch dem, der uns Gott offenbart, indem er sagt: »Wer mich erblickt, der erblickt den Vater«, fehlt jede Macht. Wenn wir Gott wirklich lieben wollen, müssen wir auf den Mann aus Nazaret schauen, dessen Leben in Schwäche gehüllt war. Und seine Schwäche öffnet uns den Weg zum Herzen Gottes.

Leute mit Macht laden nicht zu Nähe ein – wir fürchten sie. Sie können uns beherrschen, uns dazu zwingen, Dinge zu tun, die wir nicht tun wollen. Zu

Leuten mit Macht blicken wir auf, denn sie haben das, was wir nicht haben, und können es uns nach Belieben geben oder verweigern. Leute mit Macht beneiden wir, denn sie können es sich leisten, dort hinzugehen, wo wir nicht hingehen können, und das zu tun, was wir nicht tun können. Doch die Macht Gottes ist ganz anders. Gott will nicht, dass wir Angst vor ihm haben, Abstand von ihm halten oder ihn beneiden. Er will, dass wir ihm nahe kommen, ganz nahe, so nahe, dass wir in seiner Nähe geborgen sind wie Kinder im Arm der Mutter.

Deshalb wurde Gott ein kleines Kind. Wer könnte denn vor einem kleinen Kind Angst haben? Es ist doch völlig von seinen Eltern und den anderen Menschen, die sich um es kümmern, abhängig. Ja, Gott wollte so ohnmächtig werden, dass er nicht ohne die Hilfe vieler anderer essen und trinken, gehen und sprechen, spielen und arbeiten konnte. Er wurde von Menschen abhängig, damit er unter uns aufwachsen und leben und die frohe Botschaft verkünden konnte. Er beschloss, sogar so ohnmächtig zu werden, dass die Verwirklichung seiner Sendung ganz und gar von uns abhängig wurde. Wie könnten wir vor einem Kind Angst haben, das wir im Arm wiegen, wie

Der Weg der Macht

könnten wir zu einem Kind aufblicken, das so klein und schutzbedürftig ist, wie könnten wir ein Kind beneiden, das uns als Reaktion auf unsere Zärtlichkeit nur anlächelt? Das ist das Geheimnis der Menschwerdung. Gott wurde ein Mensch, der sich in nichts von anderen Menschen unterschied, um die Mauern der Macht in völliger Schwäche zu durchbrechen. Das ist die Geschichte von Jesus.

Und wie endet diese Geschichte? Sie endet an einem Kreuz, an dem dieser Mensch nackt und an Händen und Füßen von Nägeln durchbohrt hängt. Die Ohnmacht der Krippe ist zur Ohnmacht des Kreuzes geworden. Die Leute verspotten ihn, sie lachen ihn aus, spucken ihm ins Gesicht und rufen: »Anderen hat er geholfen, sich selbst kann er nicht helfen. Er ist doch der König von Israel! Er soll vom Kreuz herabsteigen, dann werden wir an ihn glauben« (Matthäus 27,42). Dort hängt er – das Fleisch von mit Metallstücken durchsetzten Peitschen zerfetzt, das Herz durch die Zurückweisung seiner Freunde und die Misshandlungen und Beschimpfungen seiner Feinde gebrochen, die Seele von Qualen gepeinigt, der Geist in die Dunkelheit des Verlassenseins gehüllt – völlige Schwäche, absolute

Der Weg der Macht

Ohnmacht! Gott hat beschlossen, uns auf diese Weise zu offenbaren, was göttliche Liebe ist, uns in die Arme seines Erbarmens zu schließen und uns zu zeigen, dass seine Wut in unendlicher Gnade verraucht ist.

II. Über die Ohnmacht Gottes, die in Jesus von Nazaret offenbart wird, ist aber noch mehr zu sagen. Es gibt nämlich nicht nur seine Geburt in Ohnmacht und seinen Tod in Ohnmacht, sondern – so seltsam das klingen mag – er führt auch ein Leben in Ohnmacht.

Jesus, der ohnmächtige Sohn Gottes, ist in der Ohnmacht der Gesegnete. Als er nach vielen Jahren, die er unbeachtet in Nazaret verbrachte, seinen Dienst an den Menschen beginnt, bietet er uns in den »Seligpreisungen« ein Selbstbildnis von sich an.

»Selig, die arm sind vor Gott...«, sagt er. Jesus ist arm, er hat keinen Einfluss, sondern steht am Rande seiner Gesellschaft. Was kann aus Nazaret schon Gutes kommen?

»Selig die Trauernden...« Jesus verbirgt seine Trauer nicht, sondern er weint, als sein Freund stirbt und als er die Zerstörung seines geliebten Jerusalem vorhersieht.

Der Weg der Macht

»Selig, die keine Gewalt anwenden ...« Jesus zerbricht das geknickte Rohr nicht. Die Kleinen liegen ihm immer am Herzen.

»Selig, die hungern und dürsten nach der Gerechtigkeit ...« Jesus zögert nicht, sich gegen Ungerechtigkeit zu wenden und die Hungernden, die Sterbenden und die Leprakranken zu verteidigen.

»Selig die Barmherzigen ...« Jesus fordert nicht immer Rache, sondern heilt stets und überall.

»Selig, die ein reines Herz haben ...« Jesus konzentriert sich allein auf das, was nötig ist, und lässt seine Aufmerksamkeit nicht durch alle möglichen Ablenkungen stören.

»Selig, die Frieden stiften...« Jesus hebt die Unterschiede nicht hervor, sondern versöhnt die Menschen als Brüder und Schwestern in einer einzigen Familie.

»Selig, die verfolgt werden...« Jesus erwartet keinen Erfolg, keine Beliebtheit; er weiß, dass er, zurückgewiesen und verlassen, leiden wird.

In den Seligpreisungen finden wir ein Selbstbildnis Jesu: das Bild des ohnmächtigen Gottes. Dieses Bild erblicken wir immer dann, wenn wir die Kranken, die Gefangenen, die Flüchtlinge, die Einsamen, die Opfer sexuellen Missbrauchs, die Aids-Er-

Der Weg der Macht

krankten und die Sterbenden sehen. Durch ihre Ohnmacht werden wir aufgerufen, Brüder und Schwestern zu werden. Durch ihre Ohnmacht werden wir aufgerufen, die Bande der Freundschaft und der Liebe zu verstärken, die Waffen niederzulegen, uns gegenseitig zu vergeben und Frieden zu schließen und zu stiften. Und durch ihre Ohnmacht werden wir immer an die Worte Jesu erinnert, dass es nötig ist, zu leiden, um in die Herrlichkeit zu gelangen. Die Ohnmacht Gottes und die Ohnmacht der Menschheit, deren Teil Gott wurde, sind die Tür zum Haus der Liebe geworden.

Macht

I. Unsere Welt wird von diabolischen, entzweienden Mächten beherrscht, die zerstörerisch sind. Im ohnmächtigen Jesus und durch ihn hat Gott sie entwaffnet. Dieses Geheimnis stellt uns aber vor eine neue, sehr schwierige Frage: Wie können wir in dieser Welt als Zeugen für einen ohnmächtigen Gott leben und das Reich der Liebe und des Friedens errichten?

Der Weg der Macht

Bedeutet Ohnmacht, dass wir dazu verurteilt sind, Fußabtreter für unsere machtgierige Gesellschaft zu werden? Dass es gut ist, weich, passiv und unterwürfig zu sein und es den Mächten der Finsternis immer zu erlauben, unser Leben zu beherrschen? Dass all unsere jetzigen Schwächen – im wirtschaftlichen, organisatorischen, körperlichen und emotionalen Bereich – plötzlich Tugenden werden? Dass Leute, die schlecht auf ihre Aufgaben vorbereitet sind, jetzt mit ihrer Armut prahlen können, weil sie ein Segen sei, für den man dankbar sein müsse? Wenn wir lesen, was Paulus im 2. Korintherbrief schreibt: »Meine Gnade ... erweist ihre Kraft in der Schwachheit« (2 Korinther 12,9), stellen wir uns dann vor, dass wir es mit einem Schwächling zu tun haben, der seine geringe Selbstachtung benutzt, um das Evangelium zu verkünden?

Hier sind wir auf eine der gefährlichsten Fallen einer Theologie der Schwäche gestoßen. Wenn wir von den versklavenden Mächten der Welt nur frei werden können, indem wir uns von Schwäche versklaven lassen, scheint es doch viel besser zu sein, auf der Seite des Teufels zu bleiben statt auf der Seite Gottes. Wenn eine Theologie der Schwäche eine

Theologie für Schwächlinge wird, dann ist sie eine bequeme Entschuldigung für Unfähigkeit, Unterwürfigkeit, Selbsterniedrigung und Misserfolg auf allen Gebieten!

Das ist keineswegs nur eine theoretische Möglichkeit. Finanzielle, geistige und spirituelle Schwäche wird nämlich gar nicht so selten als göttliches Vorrecht betrachtet. Wie oft wird in der Überzeugung, dass es besser sei, für Gott zu leiden, als nicht zu leiden, kompetente medizinische oder psychologische Hilfe hinausgezögert oder verweigert! Wie oft werden sorgfältige Planung, professionelle Gelderbeschaffung und intelligente Strategien für die Zukunft als mangelnder Glaube an das Ideal der Machtlosigkeit missbilligt! Wie oft wurden die Kranken, die Armen, die Behinderten und all jene, die leiden, als Gottes bevorzugte Kinder verklärt, ohne dass man ihnen geholfen hätte, sich von ihrem Schicksal zu befreien!

Nietzsche wandte sich zu Recht gegen die Theologie der Schwäche. Seiner Ansicht nach beließ sie die Armen in ihrer Armut und ermöglichte es den Männern in hohen kirchlichen Positionen, ihre »Gläubigen« in einem Zustand unterwürfigen Gehorsams zu halten. Tatsächlich gibt es eine Spiritualität der Ohnmacht, der Schwäche, der Kleinheit, die äußerst gefährlich sein kann – vor allem in den Händen derjenigen, die sich dazu berufen fühlen, im Namen Gottes zu sprechen und zu handeln. Über sie sagt Jesus: »Sie schnüren schwere Lasten zusammen und legen sie den Menschen auf die Schultern, wollen selber aber keinen Finger rühren, um die Lasten zu tragen« (Matthäus 23,4).

Eine Theologie der Schwäche verlangt von uns, dass wir Schwäche nicht als eine weltliche Machtlosigkeit betrachten, die es den Mächtigen in der Gesellschaft und der Kirche erlaubt, uns zu beeinflussen und zu lenken, sondern als völlige, bedingungslose Abhängigkeit von Gott, durch die wir wahre Träger der göttlichen Macht werden, die die Wunden der Menschheit heilt und das Gesicht der Erde erneuert. Die Theologie der Schwäche nimmt Macht in Anspruch, die Macht Gottes, die alles verwandelnde Macht der Liebe.

In Wirklichkeit zeigt eine Theologie der Schwäche uns einen Gott, der um die in Machtspiele verstrickte Menschheit weint und zornig darüber ist, dass diese Machtspiele auch von Leuten der Kirche so

Der Weg der Macht

hemmungslos betrieben werden. Sie zeigt, wie Gott die Machtspiele der Welt und der Kirche entlarvt, indem er in eine Geschichte der völligen Ohnmacht eintritt. Letztendlich will eine Theologie der Schwäche aber zeigen, dass Gott uns, den Menschen, die göttliche Macht anbietet, damit wir voller Zuversicht und mit erhobenem Kopf leben können.

II. Gott ist mächtig. Jesus schreckte nicht davor zurück, von seiner Macht zu sprechen: »Amen, ich sage euch: Von denen, die hier stehen, werden einige den Tod nicht erleiden, bis sie gesehen haben, dass das Reich Gottes in seiner ganzen Macht gekommen ist« (Markus 9,1).

Überall, wo Jesus hinging, erfuhren die Menschen die Gegenwart der göttlichen Macht. Lukas schreibt: »Alle Leute versuchten, ihn zu berühren; denn es ging eine Kraft von ihm aus, die alle heilte« (Lukas 6,19). Als eine Frau, die schon seit zwölf Jahren an Blutungen litt, im Vertrauen darauf, dass Jesus sie heilen würde, den Saum seines Gewandes berührte, sagte Jesus: »Es hat mich jemand berührt; denn ich fühlte, wie eine Kraft von mir ausströmte« (Lukas 8,46).

Jesus war von der Macht Gottes, von seiner Kraft,

erfüllt. Er beanspruchte für sich die Macht, Sünden zu vergeben, die Macht, zu heilen, die Macht, ins Leben zurückzurufen – ja, alle Macht! Die letzten Worte, die er an seine Freunde richtete, waren von dieser Überzeugung durchdrungen: »Mir ist alle Macht gegeben im Himmel und auf der Erde. Darum geht zu allen Völkern, und macht alle Menschen zu meinen Jüngern...« (Matthäus 28,18–19).

Macht wird in Anspruch genommen, und Macht wird gegeben. In dem ohnmächtigen Jesus und durch ihn will Gott uns die Macht geben, die Jesus besaß, und uns aussenden – um Dämonen auszutreiben, die Kranken zu heilen, die Toten wieder ins Leben zu rufen, die, die sich entfremdet haben, zu versöhnen, Gemeinschaft zu schaffen und das Reich Gottes zu errichten.

Eine Theologie der Schwäche ist eine Theologie der Machtverleihung durch Gott. Sie ist keine Theologie für Schwächlinge, sondern eine für Männer und Frauen, die für sich die Macht der Liebe in Anspruch nehmen, die sie von der Angst befreit und sie ermächtigt, »ihr Licht auf den Leuchter zu stellen, damit es allen im Haus leuchtet« (Matthäus 5,15), und die Arbeit des Gottesreichs zu tun.

Der Weg der Macht

Ja, wir sind Arme und Trauernde, wir wenden keine Gewalt an, wir hungern und dürsten nach der Gerechtigkeit, wir sind barmherzig und haben ein reines Herz, stiften Frieden und werden immer von einer feindlichen Welt verfolgt. Doch wir sind keine Schwächlinge, keine Fußabtreter! Uns gehört das Himmelreich, die Erde ist unser Erbe. Wir werden getröstet, wir werden satt, wir finden Erbarmen, wir werden Gottes Kinder genannt – und wir erblicken Gott! Das ist Macht, wahre Macht, Macht, die von oben kommt!

Die Bewegung von der Macht durch Stärke zur Macht durch Ohnmacht ist das, wozu wir aufgerufen sind. Als angsterfüllte, besorgte, unsichere und verletzte Menschen sind wir ständig versucht, das kleine bisschen Macht zu ergreifen, das uns die Welt um uns anbietet, links und rechts, hier und dort, immer wieder. Diese Machtfetzen machen uns zu Marionetten, die durch Fäden bewegt werden, bis wir sterben. Wenn wir es aber wagen, die Taufe der Ohnmacht zu empfangen, und uns immer auf die Armen zu bewegen, die keine solche Macht haben, tauchen wir mitten ins Herz von Gottes endloser Gnade ein. Wir sind frei, mit der gleichen göttlichen Macht, mit der

Jesus kam, erneut in unsere Welt einzutreten, und wir können durch das Tal der Finsternis und der Tränen wandern, immer in der Gemeinschaft mit Gott, mit erhobenem Kopf, voll Vertrauen unter dem Kreuz unseres Lebens stehend.

Diese Macht bringt Leiter für unsere Gemeinden hervor, Frauen und Männer, die es wagen, Risiken einzugehen, neue Initiativen zu ergreifen. Sie ermöglicht es uns, bei unserem Umgang mit den Regierungs- und Kirchenbehörden nicht nur sanftmütig wie die Tauben zu sein, sondern auch klug wie die Schlangen. Durch sie können wir direkt und ohne zu zögern mit denen, die finanziell gut dastehen, darüber sprechen, ihr Geld mit anderen zu teilen. Wir können Männer und Frauen zu einem radikalen Dienst aufrufen, Menschen dazu auffordern, langfristige Verpflichtungen zum Dienst an ihren Mitmenschen einzugehen, und das Evangelium überall und jederzeit verkünden. Durch diese göttliche Macht werden wir zu Heiligen – Menschen, die nicht von Angst beherrscht sind –, die alles erneuern können.

Der Weg der Macht

Unser Weg

Wie können wir uns immer weiter von der entzweienden Macht zur vereinigenden, von der zerstörenden zur heilenden, von der lähmenden zur kräftigenden bewegen?

Dafür möchte ich drei Möglichkeiten vorschlagen, drei Schritte, die uns insgesamt dabei helfen können, unser Menschsein und unser persönliches Leben von oben und mit Gottes Augen zu betrachten.

Als Erstes sollten wir uns immer auf diejenigen Armen konzentrieren, die es in unserer Nähe gibt, in der Welt, in der wir leben. Wir müssen uns fragen: »Wo sind die Männer, Frauen und Kinder, die darauf warten, dass wir ihnen die Hand entgegenstrecken?« Die Armut in all ihren Formen, körperlich, geistig und emotional, wird nicht geringer. Im Gegenteil, die Armen sind überall um uns herum, nah und fern – mehr als je zuvor. Die Mächte der Finsternis zeigen ihre abscheulichen Absichten immer unverhüllter, das Weinen der Armen wird lauter und lauter, ihr Elend immer sichtbarer. Wir, die wir uns nach Frieden sehnen, müssen uns bemühen, ihr

Weinen weiter zu hören und ihr Elend weiter zu sehen. Wir dürfen vor diesem schmerzhaften Anblick nicht davonlaufen.

Der zweite Schritt besteht darin, darauf zu vertrauen, dass Gott uns das gibt, was wir brauchen, um uns wirklich um die Armen kümmern zu können, die uns gegeben sind. Wir müssen uns darauf verlassen, dass wir die finanzielle, emotionale und physische Unterstützung bekommen werden, die wir benötigen, dann und in dem Umfang, wenn und wie wir sie brauchen. Ich bin überzeugt, dass wir bereit sind, mit Geld, Zeit und Kraft zu helfen. Doch wir haben oft Angst vor dem Chaos, das die Armut umgibt, und bleiben deshalb gelähmt, bevor wir nicht bereit sind, neue Risiken einzugehen. Wenn wir immer erst Garantien brauchen, bevor wir etwas tun, wird nie etwas Aufregendes passieren; wenn wir aber den Mut haben, ein paar verrückte Risiken einzugehen, weil Gott uns darum bittet, werden sich uns viele Türen öffnen, von denen wir vorher gar nichts wussten.

Der dritte Schritt ist der schwierigste: sich nicht vom Leid überraschen zu lassen, sondern von der Freude. Im Alter werden wir die Arme ausstrecken und uns an Orte führen lassen müssen, an die wir lieber nicht gehen würden – wie Jesus zu Petrus sagt: »Als du noch jung warst, hast du dich selbst gegürtet und konntest gehen, wohin du wolltest. Wenn du aber alt geworden bist, wirst du deine Hände ausstrecken, und ein anderer wird dich gürten und dich führen, wohin du nicht willst« (Johannes 21,18). Was für Petrus galt, gilt auch für uns: Vor uns liegt Leid, unermessliches Leid, ein Leid, das uns immer wieder in die Versuchung führen wird, zu denken, dass wir uns für den falschen Weg entschieden haben und dass andere klüger waren. Lasst euch aber nicht von den Schmerzen überraschen! Lasst euch von der Freude überraschen, von der kleinen Blume, die mitten in der Wüste ihre Schönheit zeigt, und von der ungeheuren Heilkraft, die wie klare Wasserquellen aus der Tiefe unserer Schmerzen entspringt.

Und so – mit Augen, deren Blick auf die Armen gerichtet bleibt, mit einem Herzen voller Zuversicht, dass wir das, was wir brauchen, bekommen werden, und mit einem Geist, der sich immer von Freude überraschen lässt – werden wir wahre Macht ausüben und, während wir durch dieses Tal der Finsternis wandern, Wunder vollbringen und Zeugen von

Wundern werden. Die Macht Gottes wird unsere Macht und geht von uns aus, wohin wir auch gehen, wem wir auch begegnen.

Ich möchte mit einer kleinen Geschichte schließen. Sie handelt von John und Sandy, zwei sehr einfachen Menschen. Leute wie sie gibt es überall unter uns. Eines Tages sagte John zu Sandy: »Wir haben uns noch nie gestritten – lass uns doch mal streiten, so wie andere Leute!« Sandy fragte: »Wie können wir denn mit einem Streit anfangen?« John antwortete: »Das ist ganz einfach! Ich nehme einen Ziegelstein und sage: ›Der gehört mir!‹, und dann sagst du: ›Nein, mir!‹ Und dann streiten wir uns.« Also setzten sie sich hin, und John nahm einen Ziegelstein und sagte: »Der gehört mir!« Sandy sah ihn sanftmütig an und erwiderte: »Gut, wenn er dir gehört, dann nimm ihn!« Und so konnten die beiden sich nicht streiten.

Solange wir Ziegelsteine in der Hand halten und von »mein« und »dein« sprechen, eskalieren unsere kleinen Machtspiele zu großen, die dann zu Hass, Gewalt und Kriegen führen. Wenn wir unser Leben von unten aus betrachten, ergreifen wir aus Angst und Unsicherheit jeden Ziegelstein, den wir bekommen können. Wenn wir aber den Mut haben, unsere

Der Weg der Macht

Ziegelsteine loszulassen, wenn wir unsere Hände leeren und sie zu dem erheben, der unsere wahre Zuflucht und Burg ist, öffnet unsere Armut uns so, dass wir Macht von oben empfangen können, eine heilende Macht, die für uns und für unsere Welt ein wahrer Segen sein wird.

Die erzählte Geschichte geht auf die Wüstenväter zurück.

DER WEG DES FRIEDENS

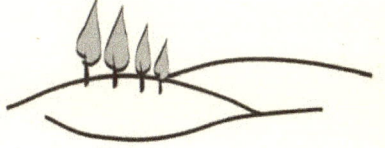

WIE KANN ICH ÜBER DEN FRIEDEN SCHREIBEN? In den letzten Jahren gab es in meinem Leben so viele Veränderungen, dass ich mein Selbstvertrauen zu einem großen Teil verloren habe. Vor ein paar Jahren erschien es mir noch recht einfach, mich vor viele Leute zu stellen und ihnen zu sagen, wie sie Menschen des Friedens werden konnten. Ich konnte das mit einer gewissen Entspanntheit tun – und mit der Überzeugung, dass ich etwas Wichtiges zu sagen hatte.

Heute aber, da ich an diesem Beitrag arbeite, verspüre ich eine tiefe innere Leere, das Gefühl, dass Worte nutzlos sind, sogar Verzweiflung – wie soll ich etwas Bedeutungsvolles darüber sagen, was Frieden ist, wie man ihn macht und wie eine Spiritualität des Friedens aussieht? Am liebsten würde ich die ganze Sache abblasen, weil meine Unfähigkeit mich einfach zu lähmen scheint.

Doch ich wehre mich gegen diese Gefühle und beschließe, euch an meiner Unzulänglichkeit teilhaben zu lassen, denn ich glaube, Gott will nicht, dass

Der Weg des Friedens

ich mich davor verstecke oder sie vor euch verberge. Früher habe ich oft gesagt, dass Gebet, Widerstand und Gemeinschaft die drei Kernaspekte der Friedensarbeit sind. Ich glaube immer noch, dass das stimmt. Heute weiß ich allerdings nicht mehr, ob es sinnvoll ist, davon zu reden oder darüber zu schreiben – ich frage mich nämlich, ob all diese Begriffe wirklich das erzeugen, was sie ausdrücken. Ich bin da nicht mehr so sicher wie früher! Können Worte uns wirklich dabei helfen, die Menschen zu werden, die wir nach Gottes Willen sein sollen?

Wie soll ich jetzt also vorgehen? Über diese Frage habe ich mir lange den Kopf zerbrochen... Ich will mit einer kleinen Geschichte über mein jetziges Leben anfangen und versuchen, meine Erkenntnisse über jene Aspekte des Friedens Christi, die wir entdecken wollen, weiterzugeben.

Vor einigen Jahren zog ich von Harvard nach »Daybreak«, das heißt, von einer Einrichtung für die Besten und Klügsten in eine Gemeinschaft, wo Menschen mit einer geistigen Behinderung leben. »Daybreak« liegt in der Nähe von Toronto und gehört zu einem internationalen Zusammenschluss von Gemeinschaften, der *Arche*; dort versuchen Menschen mit einer geistigen Behinderung und ihre Assistenten, im Geist der Seligpreisungen zusammenzuleben. Ich wohne mit sechs Behinderten und drei weiteren Assistenten in einem Haus. Keiner der Assistenten ist speziell für die Arbeit mit geistig Behinderten ausgebildet, doch wir bekommen sehr viel Hilfe von den Ärzten, Psychiatern, Verhaltenstherapeuten, Sozialarbeitern und Physiotherapeuten aus unserer Stadt.

Solange es keine besonderen Krisen gibt, leben wir als eine Familie zusammen und vergessen dabei allmählich, wer von uns behindert ist und wer nicht. Wir sind schlicht John, Bill, Trevor, Raymond, Adam, Rose, Steve, Jan, Naomi und Henri. Jeder von uns hat seine Begabungen und seine Kämpfe, seine Stärken und Schwächen. Wir essen gemeinsam, spielen gemeinsam, beten gemeinsam und gehen gemeinsam aus. Wir alle haben unsere eigenen Vorlieben im Hinblick darauf, welche Arbeit uns Spaß macht, welches Essen wir mögen, welche Filme wir anschauen wollen. Und wir alle haben unsere Probleme, mit jemand anderem im Haus auszukommen, ob derjenige nun behindert ist oder nicht. Wir lachen viel, wir weinen viel – und manchmal tun wir beides gleichzeitig.

Der Weg des Friedens

Jeden Tag sage ich: »Guten Morgen, Raymond!« Und er knurrt mich an: »Ich bin noch gar nicht wach! Es ist verrückt, jeden Tag zu allen ›Guten Morgen!‹ zu sagen!« Letztes Jahr wickelte Trevor zu Weihnachten *Marshmallows* in Silberpapier, als Friedensgeschenk für jeden von uns, und beim Abendessen stieg er auf einen Stuhl, hob sein Glas und sagte: »Meine Damen und Herren, das hier ist keine Feier, sondern Weihnachten!« Als einer der Männer durch den Zigarettenrauch eines Assistenten bei einem Telefongespräch gestört wurde, hob er den Kopf und bat: »Hör auf, zu rauchen! Ich kann ja nichts hören.« Bill fragt jeden Besucher vor dem Essen: »Weißt du, was ein gespannter Truthahn ist?« Natürlich lautet die Antwort immer »Nein!« – und Bill sagt grinsend: »Das verrate ich dir morgen!« Dann lacht er so laut, dass der andere mitlachen muss, auch wenn er den Witz gar nicht komisch findet.

Das ist die *Arche*, das ist »Daybreak«. Das ist die zehnköpfige Familie, in der ich tagaus, tagein lebe. Was aber kann das Leben in dieser Familie von ein paar armen Menschen uns über den Frieden Christi sagen, den wir suchen? Ich möchte euch die Geschichte von Adam, einem der zehn Bewohner unseres Hauses, erzählen. Adam soll der wortlose Sprecher für den Frieden werden, der nicht von dieser Welt ist.

Bevor ich in die Gemeinschaft von »Daybreak« kam, hatte ich noch nie mit Behinderten gearbeitet, und daher war ich nicht nur aufgeregt, sondern hatte richtige Angst vor dem Leben in dieser unvertrauten Welt. Und diese Angst ließ auch nicht nach, als ich gefragt wurde, ob ich mit Adam arbeiten wolle. Als ich Adam zum ersten Mal sah, erkannte ich seine erstaunliche Schönheit und Tiefe nicht. Mir war sofort klar, dass er das schwächste Mitglied unserer Familie war. Er ist fünfundzwanzig, und er kann nicht sprechen, sich nicht selbst an- oder ausziehen, nicht allein gehen ... Sogar beim Essen braucht er viel Hilfe. Er lacht nie, er weint nie, und er nimmt nur selten Blickkontakt auf. Sein Rücken ist ziemlich schief, und seine Bewegungen wirken manchmal verzerrt. Er leidet an schwerer Epilepsie, und obwohl er starke Medikamente bekommt, vergeht kaum ein Tag ohne einen »Grand mal«-Anfall. Wenn sein Körper sich plötzlich versteift, stöhnt er manchmal schmerzvoll; hin und wieder habe ich auch eine dicke Träne über seine Wange rinnen sehen. Morgens bin ich ungefähr anderthalb Stunden mit Adam beschäftigt. Ich muss ihn wecken, ihm seine Medikamente geben, mit ihm ins Bad gehen, ihm den Schlafanzug ausziehen, ihn waschen und rasieren, ihm die Zähne putzen, ihn anziehen, mit ihm in die Küche gehen, ihm beim Frühstück helfen und ihn schließlich in den Rollstuhl setzen. Dann fahre ich ihn zu seinem Tagesprogramm, wo er die meiste Zeit damit verbringt, therapeutische Übungen zu machen, sich auszuruhen oder sich Kaffee zu holen. Wenn dabei ein »Grand mal«-Anfall auftritt, brauche ich viel länger. Oft muss Adam sich dann noch einmal ins Bett legen, um sich einen Teil der Energie, die er während des Anfalls verloren hat, im Schlaf zurückzuholen.

Natürlich erzähle ich das alles nicht, um einen Pflegebericht zu geben! Nein, ich möchte euch an etwas sehr Persönlichem teilhaben lassen. Nachdem ich ungefähr einen Monat lang so mit Adam gearbeitet hatte, passierte allmählich etwas, was mir noch nie passiert war: Dieser erstaunliche und besondere junge Mann, den die meisten Außenstehenden auf den ersten Blick als einen schwer behinderten Menschen betrachten, als Last für Pfleger oder einfach als peinlich, wurde allmählich mein liebster Gefährte.

Der Weg des Friedens

Als meine Angst, einen Fehler zu machen oder Adam zu verletzen, sich langsam legte und ich mich an den täglichen Umgang mit ihm gewöhnte, begann in mir eine Liebe zu wachsen. Sie war so von Zärtlichkeit und Zuneigung erfüllt, dass mir die meisten meiner anderen täglichen Aufgaben im Vergleich zu den Stunden, die ich mit Adam verbrachte, langweilig und oberflächlich vorkamen. Aus seinem Körper und seinem Geist, die ich ursprünglich als gebrochen empfunden hatte, tauchte ein wunderschöner Mensch auf, der mir ein viel größeres Geschenk anbot, als ich ihm jemals würde geben können. Es fällt mir schwer, die richtigen Worte für diese Erfahrung des Kennenlernens zu finden, doch irgendwie zeigte Adam mir ganz langsam, wer er war und wer ich war und wie wir einander lieben konnten.

Wenn ich seinen nackten Körper in die Badewanne gleiten ließ, große Wellen machte, damit das Wasser gegen seine Brust und seine Schultern schlug, meine Nase an seiner rieb und ihm alle möglichen Geschichten über mich und ihn selbst erzählte, wusste ich, dass da zwei Freunde weit über die Welt der Gedanken oder Gefühle hinaus miteinander kommunizierten. Das Innerste spricht zum In-

Der Weg des Friedens

nersten, Geist spricht zu Geist, und Herz spricht zu Herz. Ich begann, eine Gegenseitigkeit der Liebe zu erfahren, die weniger auf gemeinsamem Wissen oder gemeinsamen Gefühlen beruhte als auf dem gemeinsamen Menschsein. Je länger ich mich um Adam kümmerte, desto klarer erkannte ich, dass er mein sanfter Lehrer war – und was er mich lehrte, hätten mich kein Buch, keine Schule und kein Professor lehren können.

Sehe ich das alles zu verklärt, mache ich etwas Schönes aus etwas, was überhaupt nicht schön ist? Übertrage ich mein Bedürfnis, Vater zu sein, auf eine weit zurückgebliebene Person? Spiritualisiere ich einen Zustand, der im Wesentlichen unnatürlich ist? Aufgrund meiner intellektuellen und psychologischen Bildung bin ich in der Lage, diese Fragen zu stellen. Und vor kurzem habe ich sie tatsächlich gestellt. Ich war dabei, diese Geschichte aufzuschreiben, da kamen Adams Eltern zu Besuch. Ich bat sie: »Sagen Sie mir doch, was Adam Ihnen in all der Zeit, in der Sie ihn zu Hause hatten, gegeben hat!« Sein Vater lächelte und sagte, ohne auch nur einen Augenblick nachdenken zu müssen: »Er hat uns Frieden gebracht ... Er ist unser Friedensstifter, unser Friedenssohn!«

Der Weg des Friedens

Also möchte ich jetzt über Adams Frieden schreiben. Es ist wirklich ein Friede, den die Welt nicht geben kann. Ich bin gerührt darüber, dass ich dem Frieden von jemandem, der selbst keine Worte hat, Worte verleihen darf. Die in Adams völliger Schwäche verborgene Friedensgabe ist kein Geschenk von dieser Welt, aber ganz sicher eines für sie.

Damit Adams Geschenk erkannt werden kann, muss jemand es aufheben und weitergeben, und jemand muss es empfangen. Vielleicht ist das die eigentliche Berufung derjenigen, die sich um behinderte Menschen kümmern. Wir müssen ihnen dabei helfen, ihre Gaben zu teilen, und anderen, diese Gaben zu erkennen und zu empfangen.

Adams besondere Friedensgabe ist in seinem *Sein* und in seinem *Herzen* verwurzelt, und sie ruft immer *Gemeinschaft* hervor. Mit diesen drei Aspekten von Adams Frieden möchte ich mich nun ausführlicher beschäftigen.

Der Weg des Friedens

Frieden – verwurzelt im Sein

Adams Friede ist in seinem *Sein* verwurzelt. Adam kann überhaupt nichts selbst machen, er ist in jedem Augenblick seines Lebens völlig von anderen abhängig. Seine Gabe ist das reine *Bei-uns-Sein*. Jeden Abend, wenn ich nach Hause laufe, um die übliche Prozedur zu »machen«, um Adam beim Abendessen zu helfen und ihn ins Bett zu bringen, wird mir klar: Das Beste, was ich für ihn tun kann, ist, einfach nur bei ihm zu »sein«. Davon bin ich wirklich überzeugt: Wenn Adam überhaupt etwas will, dann, dass ich bei ihm »bin«. Sonst nichts! Und es überrascht mich selbst, dass das meine große Freude wird: seinen Atemzügen, seinem Essen, seinen vorsichtigen Schritten meine ganze Aufmerksamkeit zu widmen, ihm zuzuschauen, wenn er versucht, einen Löffel zum Mund zu führen, oder wenn er den linken Arm ein wenig hebt, damit es für mich leichter ist, ihm das Hemd auszuziehen. Ich frage mich immer, ob er nicht vielleicht Schmerzen hat, die er nicht ausdrücken kann, die aber trotzdem gelindert werden müssten. Ich bin einfach nur da, bei meinem Freund. Wie einfach die Wahrheit doch ist, die Adam mich lehrt, und wie schwer zu leben! Das Sein ist wichtiger als das Machen, das Tun.

Der größte Teil meines bisherigen Lebens war um die Vorstellung herum aufgebaut, dass mein Wert von dem abhängt, was ich mache. Ich absolvierte die Grundschule, das Gymnasium und die Universität. Ich erwarb Diplome, verdiente mir Auszeichnungen und machte Karriere. Ja, mit vielen anderen kämpfte ich mich zum einsamen Gipfel hinauf und ergatterte ein bisschen Erfolg, ein bisschen Bekanntheit und ein bisschen Macht.

Wenn ich aber neben dem langsam und schwer atmenden Adam sitze, wird mir allmählich klar, wie gewaltsam mein Weg nach oben gewesen ist. Da war stets der Drang, besser zu sein als andere, immer wieder gab es Rivalität und Konkurrenzkämpfe, Zwänge und Besessenheit und Momente des Argwohns, der Eifersucht, des Ärgers und der Rache! Was ich zu tun glaubte, nannte man »Dienst«: »Dienst für Gerechtigkeit und Frieden«, »Dienst der Vergebung und Versöhnung«, »Dienst für eine ganzheitliche Heilung« – doch für mich entsprachen die Worte der Erfahrung nicht. Diese Erfahrung hat dazu geführt, dass ich mich frage: »Wenn ich für den Frieden arbeite, aber genauso an Erfolg, Bekanntheit und Macht interessiert bin wie diejenigen, die Kriege wollen – was ist dann der wirkliche Unterschied zwischen uns?« Oder: »Wenn der Friede, für den ich mich einsetze, ebenso sehr von dieser Welt ist wie der Krieg, und wenn wir als Arbeiter für den Frieden die tiefsten Werte der anderen verletzen – welche anderen Möglichkeiten haben wir?«

Auf seine wortlose Art lehrt Adam mich: »Das Wichtigste am Frieden ist nicht, etwas zu tun – Friede ist zuallererst die Kunst des Seins!« Ich weiß, dass er Recht hat, denn nachdem ich vier Monate bei Adam bin, entdecke ich in mir den Beginn eines inneren Zuhause-Seins, das ich bisher nicht kannte. Ich verspüre sogar den ungewöhnlichen Wunsch, viel weniger zu tun und viel mehr zu sein – am liebsten bei Adam.

Wenn ich Adam zudecke und das Licht ausmache, bete ich mit ihm. Er ist dann immer ganz still, als wüsste er, dass meine Stimme beim Beten ein bisschen anders klingt als sonst. Ich flüstere ihm ins Ohr: »Mögen die Engel alle dich beschützen!« Dann schaut er mich von seinem Kissen aus an und scheint zu wissen, was ich zu ihm sage. Seit ich angefangen habe, mit Adam zu beten, verstehe ich auch besser, worum es beim Beten geht – nämlich darum, bei Jesus zu sein und einfach Zeit mit ihm zu verbringen. Das lehrt Adam mich.

Frieden – verwurzelt im Herzen

Im Laufe der Jahrhunderte sind wir irgendwie zu der Überzeugung gekommen, dass das, was uns menschlich macht, unser Geist ist. Selbst diejenigen, die kein Latein können, kennen Senecas Definition des Menschen als vernunftbegabtes Lebewesen: *rationale animal est homo*. »Wahrer Friede gehört zum Herzen!« ist in unserer Kultur und Gesellschaft eine so radikale Aussage, dass nur Menschen, die sehr verwundbar und begabt sind – Menschen wie Adam –, in der Lage zu sein scheinen, das mitzuteilen! Adams Friede ist nicht nur in seinem Sein verwurzelt, sondern auch in seinem Herzen.

Adam zeigt mir immer wieder, auf seine eigene klare Weise, dass das, was unser Menschsein ausmacht, nicht zuerst unser Geist ist, sondern unser Herz. Unsere besondere Identität in der ganzen

Schöpfung beruht nicht zuerst auf unserer Fähigkeit, zu denken, sondern auf unserer Fähigkeit, zu lieben. Wer in Adam vor allem einen Behinderten sieht, dem entgeht das heilige Geheimnis, dass er voll und ganz in der Lage ist, Liebe zu empfangen und zu geben. Er ist ganz Mensch – nicht ein bisschen, halb oder fast Mensch, sondern vollkommen, denn er ist ganz Herz. Und sein Herz ist nach dem Bild und Gleichnis Gottes gemacht. Wenn das nicht so wäre, wie könnte ich sagen, dass ich Adam liebe und er mich? Wie könnte ich einfach dadurch, dass ich bei ihm bin, neues Leben erfahren? Wie könnte ich sicher sein, dass meine Bewegung weg von meiner Vergangenheit, in der ich viele Männer und Frauen etwas lehrte, hin zur Gegenwart, in der ich einfach bei Adam als meinem Lehrer bin, ein wirklicher Schritt vorwärts ist? Ich spreche hier über etwas, was sehr, sehr real ist. Es geht um das verborgene Geheimnis, dass das Herz bei unserer wahren Identität als Menschen am wichtigsten ist.

Ich sollte wohl noch sagen, dass ich mit »Herz« nicht den Sitz der Gefühle im Gegensatz zum Geist als Sitz des Denkens meine. Nein, mit »Herz« meine ich das Zentrum unseres Seins, wohin Gott kommt, um bei uns zu wohnen und uns seine göttlichen

Der Weg des Friedens

Gaben Vertrauen, Hoffnung und Liebe zu bringen. Unser Intellekt versucht, zu verstehen, Probleme zu erfassen, verschiedene Aspekte der Realität zu erkennen und die Geheimnisse des Lebens zu ergründen. Das Herz aber erlaubt es uns, Beziehungen einzugehen und zu erfahren, dass wir Söhne und Töchter Gottes und unserer Eltern sind, füreinander Brüder und Schwestern. Schon lange, bevor unser Geist sein Potenzial verwirklichen konnte, entwickelte unser Herz vertrauensvolle zwischenmenschliche Beziehungen. Ich bin überzeugt, dass diese Beziehungen sogar schon vor dem Augenblick unserer Geburt existieren.

Hier berühren wir den Ursprung des spirituellen Lebens. Manchmal meinen wir, dass dieses Leben als Letztes kommt, nach der Entwicklung des biologischen, emotionalen und intellektuellen. Durch meinen Umgang mit Adam und das Nachdenken über meine Erfahrungen mit ihm habe ich jedoch erkannt, dass Gottes liebender Geist uns schon lange, bevor wir gehen, fühlen oder sprechen können, berührt. Das spirituelle Leben wird uns bereits vom Augenblick unserer Empfängnis an gegeben. Was das spirituelle Leben ausmacht und was es Menschen ermöglicht,

Der Weg des Friedens

anderen eine Gegenwart zu offenbaren, die viel größer ist als sie selbst, ist die göttliche Gabe der Liebe.

Wenn ich sage, dass ich zutiefst davon überzeugt bin, dass Adam Liebe geben und empfangen kann und dass zwischen uns wahre Gegenseitigkeit herrscht, ist das keine naive psychologische Feststellung, bei der ich seine schweren Behinderungen einfach übersehe. Ich spreche vielmehr von einer Liebe zwischen uns, die die Gedanken und Gefühle gerade deshalb übersteigt, weil sie in Gottes unendlicher Liebe verwurzelt ist, einer Liebe, die jeder menschlichen vorausgeht. Adams Geheimnis besteht darin, dass er in seiner tiefen geistigen und körperlichen Gebrochenheit so völlig leer von jedem menschlichen Stolz geworden ist, dass er der bevorzugte Vermittler jener ersten, zuvorkommenden Liebe geworden ist, die von Gott in sein Herz gegossen wurde. Vielleicht begreift ihr jetzt besser, wieso Adam mir ein ganz neues Verständnis von Gottes Liebe für die Armen und Unterdrückten vermittelt. Er bietet mir eine neue Perspektive auf das, was Gottes »bevorzugte Option für die Armen« genannt wird.

Der Friede, der aus Adams zerbrochenem Herzen fließt, ist nicht von dieser Welt. Er ist nicht das Ergebnis von politischen Analysen, Debatten am runden Tisch, Erkennen der Zeichen der Zeit oder wohl überlegten Strategien. Natürlich spielen all diese geistigen Aktivitäten beim komplizierten Prozess des Friedensstiftens eine Rolle. Doch lassen sie sich nur allzu leicht zu einer neuen Weise des Kriegmachens verkehren, wenn sie nicht in den Dienst des göttlichen Friedens gestellt werden, der aus den Herzen jener strömt, die oft die geistig Armen genannt werden.

Frieden, der Gemeinschaft hervorruft

Die dritte und spürbarste Eigenschaft von Adams Frieden ist, ein Friede zu sein, der immer Gemeinschaft hervorruft. Es ist eine der tiefsten Einsichten, die ich durch mein Leben in der *Arche* gewonnen habe, dass Menschen mit einer Behinderung uns als Familie zusammenrufen und dass gerade diejenigen mit den größten Behinderungen der wahre Mittelpunkt unseres Zusammenseins sind. Adam ruft uns in seiner völligen Verwundbarkeit um sich herum zusammen. Und er stellt meine Sichtweise von der Bildung einer Gemeinschaft auf den Kopf.

Der Weg des Friedens

Die schwächsten Mitglieder unserer Familie sind nämlich die Assistenten! Wir kommen aus verschiedenen Ländern – Brasilien, Vereinigte Staaten, Kanada und Holland – und sind nur vorübergehend hier. Manche bleiben länger als andere, doch die meisten ziehen nach ein bis zwei Jahren weiter. Raymond, Bill, John und Trevor stehen näher am Zentrum unseres Lebens als Gemeinschaft; sie sind relativ unabhängig, schaffen es aber nicht allein und brauchen viel Hilfe und Aufmerksamkeit. Sie gehören für immer zur Familie, sie sind für ihr ganzes Leben bei uns und rufen uns ständig dazu auf, für sie da zu sein. Sie rufen uns dazu auf, ehrlich zu sein. Ihretwegen, wegen ihrer Schwäche, müssen wir uns darum bemühen, dass zwischen uns Eintracht herrscht. Daher dauern Konflikte nie sehr lange, wir sprechen über Spannungen, bis sie sich lösen, und legen unsere Meinungsverschiedenheiten schnell bei. Mitten im Herzen unserer Gemeinschaft stehen Rose und Adam, beide schwer behindert und sehr hilfsbedürftig, und der Schwächere von beiden ist Adam.

Adam ist der Schwächste von uns, aber auch das stärkste Band zwischen uns allen. Warum ist immer jemand zu Hause? Warum gibt es bei uns einen ruhigen Rhythmus, Augenblicke der Stille und der Ruhe, immer Worte der Zuneigung, Sanftheit und Zärtlichkeit? Warum gibt es Geduld und Ausdauer, Lächeln und Tränen, die für alle sichtbar sind, stets Raum für gegenseitige Vergebung und Heilung? Die Antwort lautet immer: Wegen Adam! Ja, wegen Adam herrscht unter uns Friede. Wie könnten Leute aus so unterschiedlichen Ländern und Kulturen, Leute mit so verschiedenen Charakteren und einer so seltsamen Mischung von geistigen und körperlichen Behinderungen sonst in Frieden zusammenleben?

Adam ruft uns wahrhaftig um sich herum zusammen und macht diese bunte Gruppe von Fremden zu einer Familie. Er ist unser wahrer Friedensstifter. Wie geheimnisvoll Gottes Wege doch sind! »Das Törichte in der Welt hat Gott erwählt, um die Weisen zuschanden zu machen, und das Schwache in der Welt hat Gott erwählt, um das Starke zuschanden zu machen. Und das Niedrige in der Welt und das Verachtete hat Gott erwählt: das, was nichts ist, um das, was etwas ist, zu vernichten, damit kein Mensch sich rühmen kann vor Gott« (1 Korinther 1,27–29). Diesen Worten von Paulus verleiht Adam Fleisch. Er lehrt mich das wahre Geheimnis der Gemeinschaft.

Der Weg des Friedens

Den größten Teil meines Lebens als Erwachsener habe ich versucht, der Welt zu zeigen, dass ich es allein schaffen konnte, dass ich andere nur brauchte, damit sie mich wieder auf meinen einsamen Weg brachten. Diejenigen, die mir halfen, haben mir geholfen, ein starker, unabhängiger, aus mir selbst heraus motivierter, kreativer Mann zu werden, der bei seiner langen Suche nach individueller Freiheit überleben konnte. Wie so viele andere wollte ich es weit bringen und auf niemanden angewiesen sein. Und die meisten Intellektuellen, die ich kannte, wollten das auch.

Heute aber sehen wir alle, zu Individuen ausgebildet und trainiert, uns einer Welt gegenüber, die am Rand ihrer völligen Vernichtung steht. Und jetzt beginnen wir, uns zu fragen, wie wir uns zusammentun können, um Frieden zu erreichen! Doch was für eine Art von Frieden könnte das sein? Wie können wir von Menschen ein Porträt malen, die alle auf demselben Platz in der Mitte sitzen wollen? Wer wird mit Leuten eine schöne Kirche bauen, die alle nur daran interessiert sind, den Turm zu errichten? Wer kann einen Geburtstagskuchen mit Leuten backen, die alle nur die Kerzen darauf stecken wollen?

Der Weg des Friedens

Wir kennen das Problem. Wenn jeder von uns die Ehre haben will, der endgültige Friedensstifter zu sein, wird es nie Frieden geben!

Adam braucht viele Leute, und keiner von ihnen kann mit irgendetwas prahlen. Adam wird nie »geheilt« werden. Durch seine ständigen Anfälle wird sein Gesundheitszustand sich wahrscheinlich immer weiter verschlechtern. Es gibt keine Erfolge, die irgendjemand für sich beanspruchen könnte, und jeder, der mit ihm arbeitet, tut nur ein bisschen. Auch ich spiele nur eine ganz kleine Rolle in seinem Leben. Manche kochen für ihn, andere machen ihm die Wäsche, manche massieren ihn, andere spielen Musik für ihn, gehen mit ihm spazieren oder schwimmen oder machen eine Ausfahrt mit ihm. Manche messen seinen Blutdruck und stellen seine Medikation ein, andere kümmern sich um seine Zähne.

Obwohl Adam sich trotz all dieser Hilfe nicht verändert und oft in einen Zustand völliger Erschöpfung zu sinken scheint, ist um ihn herum eine Gemeinschaft des Friedens entstanden. Es ist eine Gemeinschaft, die ihr Licht sicher nicht unter den Scheffel stellen will, denn die Friedensgemeinschaft, die Adam ins Leben gerufen hat, ist nicht nur für ihn

Der Weg des Friedens

da, sondern für alle Menschen. Sie verkündet, dass es Gott gefallen hat, zu uns herabzusteigen – als Kind in einem Stall, in völliger Schwäche und Verwundbarkeit – und uns so Gottes Herrlichkeit zu offenbaren.

Adam lehrt mich allmählich etwas über den Frieden, der nicht von dieser Welt ist. Es ist ein Friede, der nicht durch harten Konkurrenzkampf, intensives Nachdenken und das Streben nach individueller Berühmtheit errichtet wird, sondern darin verwurzelt ist, einfach füreinander da zu sein und in Eintracht zusammenzuarbeiten. Ein Friede, der von der ersten, zuvorkommenden Liebe Gottes spricht, durch die wir alle in Sicherheit sind, und der uns zu einer Gemeinschaft der Schwachen zusammenruft. Adam hat noch nie ein Wort zu mir gesagt, und er wird das auch niemals tun. Trotzdem sage ich jeden Abend, wenn ich ihn zu Bett bringe, »Danke!« zu ihm. Kann man dem Wort, das Fleisch wurde und unter uns wohnt, noch näher kommen?

Ich habe euch von Adam und seinem Frieden erzählt. Ihr lebt nicht in »Daybreak«, ihr gehört nicht zur *Arche*, nicht zu Adams Familie. Doch ihr sucht, wie ich, nach Frieden, ihr wollt in eurem Herzen, eurer Familie und eurer Welt Frieden finden. Was

Der Weg des Friedens

sehen wir aber, wenn wir uns in der Welt umblicken? Konzentrations- und Flüchtlingslager, überfüllte Gefängnisse, brennende Dörfer, Völkermord, Entführungen, Folter und Mord; verhungernde Kinder, vernachlässigte Alte und unzählige Männer und Frauen, die nichts zu essen, kein Dach über dem Kopf und keine Arbeit haben; Menschen, die auf der Straße schlafen, Mädchen und Jungen, die sich für die Lust anderer verkaufen; Gewalt und Vergewaltigung und die Verzweiflung von Millionen angsterfüllter und einsamer Menschen...

Wenn wir das alles sehen, wird uns klar, dass es in unserer Welt keinen Frieden gibt. Und doch ist Friede gerade das, wonach unser Herz sich am meisten sehnt. Ihr habt, genau wie ich, vieles versucht – wir haben Geld gespendet, demonstriert, Projekte in Entwicklungsländern gefördert –, aber wir werden älter und müssen erkennen, dass der Friede, auf den wir gewartet haben, immer noch nicht da ist. Wie leicht könnten wir da kalt, verbittert, voller Groll werden! Die Versuchung, uns von all dem zurückzuziehen und uns nur noch mit der leichteren Aufgabe unseres persönlichen Überlebens zu befassen, ist groß. Doch das ist eine dämonische Versuchung!

Der Weg des Friedens

Ich habe von Adam und seinem Frieden erzählt, weil er uns als stiller Führer mit sanftem Herzen dienen und uns ein bisschen Licht geben kann, das uns durch diese dunkle Welt leitet. Adam löst kein einziges Problem. Selbst mit all der Hilfe, die er bekommt, kann er seine eigene völlige Armut nicht ändern. Je älter er wird, desto ärmer wird er. Eine kleine Infektion, ein unglücklicher Sturz, das Verschlucken seiner eigenen Zunge während eines Anfalls... Es gibt so viel, was ihn uns plötzlich nehmen kann. Wenn er stirbt, wird niemand mit irgendetwas prahlen können. *(Adam starb im Februar 1996.)*

Und doch – was für ein Licht er bringt! Deshalb sage ich in Adams Namen zu euch: Gebt eure Arbeit für den Frieden nicht auf! Denkt immer daran, dass der Friede, für den ihr euch einsetzt, nicht von dieser Welt ist. Lasst euch vom großen Lärm des Krieges, von den dramatischen Beschreibungen des Elends und den furchtbaren Ausdrucksformen menschlicher Grausamkeit nicht ablenken! Vielleicht betäuben euch die Zeitungen, die Filme und Kriegsromane. Sie rufen in euch aber kein echtes Sehnen nach Frieden hervor, sondern erzeugen viel eher Gefühle der Scham, der Schuld und der Ohnmacht – und solche Gefühle sind ganz schlechte Motive für die Friedensarbeit!

Blickt immer auf den Friedensfürsten, auf den, der sich nicht an seine göttliche Macht klammert! Auf den, der sich weigert, Steine in Brot zu verwandeln, sich vom Tempel hinabzustürzen und mit großer Macht zu herrschen; auf den, der sagt: »Selig, die arm sind, die trauern, die keine Gewalt anwenden; selig, die hungern und dürsten nach der Gerechtigkeit; selig die Barmherzigen, die, die ein reines Herz haben, die Frieden stiften und um der Gerechtigkeit willen verfolgt werden!« (Matthäus 5,3–10). Blickt auf den, der die Lahmen, die Krüppel und die Blinden berührt; der Worte der Vergebung und der Ermutigung spricht; der allein stirbt, ausgestoßen, verachtet. Blickt immer auf den, der ein Armer unter den Armen wird, ein Schwacher unter den Schwachen, ein Ausgestoßener unter den Ausgestoßenen. Er, Jesus, ist der Ursprung allen Friedens.

Wo aber können wir diesen Frieden finden? Die Antwort ist erstaunlich, aber klar: in der Schwäche! Diese Wahrheit vermitteln uns nur sehr wenige, doch wir können tatsächlich in unserer eigenen Schwäche Frieden finden, an jenen Stellen in unse-

Der Weg des Friedens

rem Herzen, wo wir uns am zerbrochensten fühlen, am unsichersten, am gepeinigtsten, am ängstlichsten. Warum gerade dort? Weil uns die Methoden, durch die wir unsere Welt üblicherweise kontrollieren und beeinflussen, in unserer Schwäche nicht mehr zur Verfügung stehen und wir daher nicht mehr die Möglichkeit haben, viel zu tun, viel zu denken und uns darauf zu verlassen, dass wir nicht auf andere angewiesen sind. Genau dort, wo wir am verwundbarsten sind, ist der Friede, der nicht von dieser Welt ist, auf geheimnisvolle Weise verborgen.

Im Namen Adams fordere ich euch auf: Nehmt jenen Frieden in Anspruch, der so vielen unbekannt bleibt, und macht ihn zu eurem. Mit ihm im Herzen werdet ihr neue Augen haben, um zu sehen, neue Ohren, um zu hören. Ihr werdet diesen Frieden dann allmählich in Menschen und an Orten erkennen, wo ihr Frieden zu finden zuletzt erwartet hättet.

Vor ein paar Monaten war ich in Honduras. Es war meine erste Reise nach Mittelamerika seit meinem Umzug nach »Daybreak« und dem Beginn meiner Freundschaft zu Adam. Plötzlich wurde mir bewusst, dass mich die Wut über die politischen Manipulationen nicht mehr ganz so auffraß, dass mich die

Empörung über die himmelschreienden Ungerechtigkeiten nicht mehr ganz so durcheinander brachte und dass die Erkenntnis, wie schwarz die Zukunft von Honduras aussieht, mich nicht mehr ganz so stark lähmte. In der *Arche*-Gemeinschaft in der Nähe von Tegucigalpa lernte ich Raphael kennen, einen Mann mit schweren Behinderungen, bei dem ich den gleichen Frieden erfuhr wie bei Adam. Ich hörte viele Geschichten über die Freude, die die Ärmsten der Armen ihren ach so ernsten Assistenten aus Frankreich, Belgien, den Vereinigten Staaten und Kanada zum Geschenk gemacht hatten. Durch all das weiß ich noch besser: Der Friede ist eine Gabe Gottes, die den Klugen und Reichen oft verborgen bleibt, aber jenen offenbart wird, die sich leer, sprachlos und arm fühlen.

Das soll nicht heißen, dass die Wiederherstellung des Friedens in Regionen wie Bosnien, Haiti und Ruanda nicht mehr wichtig wäre. Ganz im Gegenteil! Ich will nur sagen, dass die Saat des nationalen und internationalen Friedens auf geheimnisvolle Weise bereits im Boden unserer eigenen Schmerzen und des Leids der Armen ausgebracht worden ist. Und ich bin überzeugt, dass wir uns wirklich auf diese Saat verlassen können. Sie ist wie das Senfkorn im

Evangelium, das wächst und zu einem Baum wird, in dem viele Vögel des Himmels nisten können.

Solange wir denken, dass kein Friede in Sicht ist und es nur von uns abhängt, Frieden zustande zu bringen, und solange wir entsprechend leben, sind wir auf dem Weg zur Selbstzerstörung. Wenn wir aber darauf vertrauen, dass der Gott der Liebe den Frieden, nach dem wir streben, bereits gegeben hat, werden wir sehen, wie dieser Frieden den aufgebrochenen Ackerboden unseres menschlichen Lebens durchbricht. Wir werden in der Lage sein, ihn schnell wachsen und die wirtschaftlichen und politischen Übel und Krankheiten unserer Zeit sogar heilen zu lassen. Mit diesem Vertrauen im Herzen werden wir die Worte hören können: »Selig, die Frieden stiften; denn sie werden Kinder Gottes genannt werden. Selig, die keine Gewalt anwenden; denn sie werden das Land erben« (Matthäus 5,9.5). Es erfüllt mich mit besonderer Freude, dass die Adams dieser Welt die Ersten sind, die dieses Erbe empfangen.

Unser Weg

Es ist Zeit, mit meinen Gedanken zum Ende zu kommen, und das fällt mir irgendwie schwer, weil es noch so viele Worte gibt, die unausgesprochen blieben, so viele Gefühle, die noch nicht ausgedrückt sind, so viele nicht offenbarte Geheimnisse. Ich muss eben davon ausgehen, dass ihr wisst, was es mit ihnen auf sich hat, auch wenn sie verborgen geblieben sind ...

Heute leben viele Menschen in der Nacht; nur wenige leben im Tag. Wir alle wissen, was es mit Nacht und Tag, Dunkelheit und Licht auf sich hat. Wir wissen darum in unserem Herzen, in unseren Familien und Gemeinden und in unserer Welt. Der Friede, den die Welt nicht gibt, ist das Licht, das einen Teil dieser Dunkelheit vertreibt. Jedes kleine bisschen von jenem Frieden bringt den Tag herbei!

Ich möchte mit einer alten chassidischen Geschichte schließen, die viel von dem zusammenfasst, was ich hier zu sagen versucht habe:

Der Rabbi fragte seine Schüler: »Wie können wir die Stunde der Morgendämmerung bestimmen, die Stunde, wenn die Nacht endet und der Tag beginnt?«

Der Weg des Friedens

Einer der Schüler sagte: »Wenn man ein Schaf von weitem von einem Hund unterscheiden kann?«

»Nein!«, antwortete der Rabbi.

»Wenn man einen Feigenbaum von einem Weinstock unterscheiden kann?«, fragte ein anderer Schüler.

»Nein!«, antwortete der Rabbi wieder.

»Sagt uns doch, wie die Antwort lautet!«, baten die Schüler.

Der weise Lehrer sagte: »Dann, wenn ihr in das Gesicht irgendeines Menschen blickt und genug Licht in euch habt, um in ihm euren Bruder oder eure Schwester zu erkennen. Bis dahin ist es Nacht, und die Dunkelheit ist noch bei uns.«

Lasst uns um dieses Licht beten – es ist der Friede, den die Welt nicht geben kann.

DER WEG DES WARTENS

SCHON SEIT EIN PAAR JAHREN beschäftigt mich etwas, was meiner Ansicht nach für unser Leben sehr wichtig ist: die Spiritualität des Wartens. Immer wieder denke ich darüber nach, was Warten im Kontext unseres spirituellen Lebens bedeutet.

Es gibt zwei Richtungen, von denen her wir über Warten in einer spirituellen Perspektive nachdenken: das *Warten auf Gott* und das *Warten Gottes*. Wir warten ... Gott wartet ...

Bei meinen Gedanken zum Warten auf Gott spielt der Anfang des Lukasevangeliums eine zentrale Rolle, bei meinen Überlegungen zum Warten Gottes die Schlusskapitel dieses Evangeliums. Die Geschichte von der Geburt Jesu macht uns mit fünf Menschen bekannt, die warten: Zacharias und Elisabet, Maria, Simeon und Hanna. Die Geschichte vom Tod Jesu und seiner Auferstehung dagegen offenbart uns einen Gott, der wartet.

Der Weg des Wartens

Wir warten auf Gott

In unserem persönlichen Leben ist das Warten nicht besonders beliebt. Es ist nichts, worauf wir uns freuen und die meisten von uns betrachten es schlicht als Zeitverschwendung. Vielleicht liegt das daran, dass die Kultur, in der wir leben, im Grunde fordert: »Los doch! Tu etwas! Zeige, dass du etwas Wichtiges erreichen kannst! Sitz nicht bloß da und warte!« Daher ist das Warten für uns und für viele Menschen eine Durststrecke zwischen dem Punkt, wo wir sind, und dem, an den wir gelangen wollen. Ein Ort, der uns nicht gefällt. Wir wollen ihn hinter uns lassen und etwas tun, was von Bedeutung ist.

In unserer besonderen geschichtlichen Situation ist das Warten noch schwieriger, weil wir so große Angst haben. Angst ist heute eines der am weitesten verbreiteten Gefühle! Wir alle haben Angst – vor anderen Menschen, vor verborgenen, bedrängenden Gefühlen und auch vor einer unbekannten Zukunft. Und deshalb fällt es uns so schwer, zu warten, denn die Angst drängt uns, von da wegzukommen, wo wir sind. Und wenn wir feststellen müssen, dass wir nicht weglaufen können, entschließen wir uns viel-

Der Weg des Wartens

leicht, zu kämpfen. Unsere Angst, dass man uns etwas antun könnte, führt zu vielen zerstörerischen Handlungen.

Wenn wir unsere Perspektive ausweiten, wenn wir bedenken, dass nicht nur wir selbst Angst haben, sondern auch ganze Gemeinschaften und Nationen, können wir noch besser verstehen, wie schwierig es ist, zu warten, und wie groß die Versuchung ist, etwas zu tun. Genau hier liegen die Wurzeln für die Einstellung, dass wir den »Erstschlag« führen müssen. Wer in einer Welt der Angst lebt, von dem sind eher aggressive, feindliche, zerstörerische Reaktionen zu erwarten als von Menschen, die nicht so große Angst haben. Je mehr Angst wir haben, desto schwerer fällt uns das Warten. Deshalb ist es bei den meisten von uns so unbeliebt.

Es beeindruckt mich, wenn ich auf den ersten Seiten des Lukasevangeliums lese, dass alle Menschen, die uns hier begegnen, warten. Zacharias und Elisabet warten. Maria wartet. Simeon und Hanna, die im Tempel waren, als Jesus hereingebracht wurde, warten. Die ganze Eröffnungsszene des Evangeliums ist voll von wartenden Menschen. Und von Anfang an hören sie alle auf die eine oder andere Weise die

Der Weg des Wartens

Worte: »Habt keine Angst! Ich habe euch etwas Gutes zu sagen.« Diese Worte zeigen an, dass Zacharias, Elisabet, Maria, Simeon und Hanna darauf warten, dass ihnen etwas Neues und Gutes passiert.

Was können wir von diesen fünf Menschen über die Spiritualität des Wartens lernen? Wer sind sie, und was haben sie zu fürchten? Natürlich sind sie einzelne Personen, die von Gott geliebt werden – stehen sie aber nicht auch für das wartende Israel insgesamt? Die Psalmen sind voll von dieser Art des des Wartens. »Ich hoffe auf den Herrn, es hofft meine Seele, ich warte voll Vertrauen auf sein Wort. Meine Seele wartet auf den Herrn mehr als die Wächter auf den Morgen. Mehr als die Wächter auf den Morgen soll Israel harren auf den Herrn. Denn beim Herrn ist die Huld, bei ihm ist Erlösung in Fülle« (Psalm 130,5–7). »Meine Seele wartet auf den Herrn« – dieses Thema zieht sich durch das ganze Alte Testament.

Es warten aber nicht alle, die in Israel leben. Wir könnten sogar sagen, dass die Propheten dem Volk zumindest zum Teil Vorwürfe machten, weil sie ihre ganze Aufmerksamkeit auf das richteten, was kommen sollte. Schließlich wartete nur noch der »Rest von Israel«, jene kleine Gruppe von Israeliten, die glaubenstreu geblieben war. Der Prophet Zefanja sagt: »Und ich lasse in deiner Mitte übrig ein demütiges und armes Volk, das seine Zuflucht sucht beim Namen des Herrn. Der Rest von Israel wird kein Unrecht mehr tun und wird nicht mehr lügen, in ihrem Mund findet man kein unwahres Wort mehr« (Zefanja 3,12–13). Die, die warten, sind der gereinigte Rest eines gläubigen Volkes. Elisabet, Zacharias, Maria, Simeon und Hanna stehen für diesen Rest. Sie konnten warten, wachsam sein und in der Erwartung leben.

Damit wir sehen können, was für eine Art von Warten das ist und wie es geübt wird, müssen wir uns mit dem Leben dieser Männer und Frauen beschäftigen. Wir müssen versuchen, uns mit ihnen zu identifizieren und herauszufinden, inwiefern ihr Warten dem unsrigen gleicht und wie wir aufgerufen sind, mit ihnen zu warten.

Was heißt es, zu warten?

Warten, wie wir es bei den Menschen auf den ersten Seiten des Lukasevangeliums erleben, ist ein Warten, dass eine Verheißung erfüllt wird. »Zacharias, deine

Frau Elisabet wird dir einen Sohn gebären«, »Maria, du wirst ein Kind empfangen, einen Sohn wirst du gebären«, »Vom Heiligen Geist war ihm [Simeon] offenbart worden, er werde den Tod nicht schauen, ehe er den Messias des Herrn gesehen habe« (Lukas 1,13; 1,31; 2,26). Jedem von denen, die da warteten, war eine Verheißung geschenkt worden, die ihm Mut gab und es ihm ermöglichte, zu warten. Sie hatten etwas empfangen, was dann in ihnen weiterwirkte, eine Saat, die begonnen hatte, aufzugehen und zu wachsen.

Das ist sehr wichtig für uns, denn auch wir können nur dann warten, wenn das, worauf wir warten, für uns bereits begonnen hat. Warten ist nie eine Bewegung von »nichts« zu »etwas«, sondern immer eine Bewegung von »etwas« zu »mehr«. Zacharias, Elisabet, Maria, Simeon und Hanna lebten mit einer Verheißung. Diese Verheißung gab ihnen Kraft, war Nahrung für sie und ermöglichte es ihnen, dort zu bleiben, wo sie waren. Durch ihr Warten konnte die Verheißung sich allmählich entfalten und in ihnen und durch sie Wirklichkeit werden.

Außerdem ist das Warten dieser fünf Menschen aktiv. Die meisten von uns betrachten Warten als etwas sehr Passives, als einen Zustand der Hoffnungslosigkeit, der durch Ereignisse bestimmt wird, auf die wir keinerlei Einfluss haben. Der Bus hat mal wieder Verspätung? Dagegen können wir überhaupt nichts machen, also bleibt uns nichts anderes übrig, als dazusitzen und zu warten. Es ist leicht zu verstehen, dass die Leute sich ärgern, wenn jemand zu ihnen sagt: »Sie müssen noch ein bisschen warten!« So etwas drängt uns nämlich in die Passivität.

Im Warten, von dem die Bibel erzählt, gibt es diese Passivität jedoch nicht. Diejenigen, die warten, tun das sehr aktiv. Sie wissen, dass das, worauf sie warten, aus dem Boden wächst, auf dem sie stehen. Und das ist eines der Geheimnisse des Wartens: Wenn wir überzeugt sind, dass eine Saat ausgebracht worden ist und dass bereits etwas begonnen hat, verändert das die Art, wie wir warten. Aktives Warten bedeutet, dass wir voll für den Augenblick da sind, in der Überzeugung, dass dort, wo wir sind, etwas geschieht, und dass wir dabei sein wollen. Wer wartet, ist ganz für den Augenblick da und glaubt, dass gerade *dieser* Augenblick der entscheidende ist.

Zacharias, Elisabet, Maria, Simeon und Hanna waren für den Augenblick da. Und deshalb konnten sie den Engel hören. Sie waren wachsam, sie achteten auf die Stimme, die zu ihnen sprach: »Habt keine Angst! Mit euch geschieht etwas. Achtet darauf!«

Wer wartet, ist geduldig. Das Wort »Geduld« beinhaltet die Bereitschaft, dort zu bleiben, wo wir sind, und die Situation ganz zu durchleben – in dem Glauben, dass etwas, was dort verborgen ist, sich uns offenbaren wird. Geduldig zu leben bedeutet, aktiv in der Gegenwart zu leben und dort zu warten. Ungeduldige Menschen sind überzeugt, dass die wirklich wichtigen Dinge sich irgendwo anders ereignen; deshalb wollen sie die gegenwärtige Situation loswerden und woanders hingehen. Für sie hat der Augenblick keinen Inhalt. Geduldige Menschen aber wagen es, dort zu bleiben, wo sie sind. Warten ist also nicht passiv. Zu ihm gehört es, das Wachstum von etwas, was sich innen entwickelt, zu fördern.

Das ist aber noch nicht alles – Warten hat außerdem kein offenes Ende. Gerade das macht es für uns so schwierig, denn wir warten ja gewöhnlich auf etwas, was wir haben möchten, wissen aber nicht, ob und wann wir es bekommen werden. Es ist nicht konkret. Ein großer Teil unseres Wartens ist von Wünschen erfüllt: »Wenn ich doch bloß Arbeit bekäme! Wenn doch das Wetter endlich besser würde! Wenn ich nur endlich diese Schmerzen loswürde!« Wir haben so viele Wünsche, und unser Warten verwickelt sich leicht in sie. Wir wollen, dass die Zukunft in einer ganz bestimmten Richtung verläuft, und wenn es anders kommt, sind wir enttäuscht und manchmal sogar verzweifelt. Wie wird das Leben sein, wenn ich das, was ich mir wünsche, nicht bekomme? Dass es uns so schwer fällt, zu warten, liegt nicht zuletzt daran, dass wir etwas tun wollen, damit das, wonach wir verlangen, eintritt und unsere Wünsche erfüllt werden. Hier erkennen wir, dass unsere Wünsche im Allgemeinen im Zusammenhang mit unseren Ängsten stehen, und die Angst verhindert natürlich, dass wir in unserem Leben einem Warten mit offenem Ende Zeit einräumen. Deshalb ist ein großer Teil unseres Wartens eben nicht ohne festes Ende, sondern vielmehr eine Art, auf die Zukunft Einfluss zu nehmen.

Zacharias, Elisabet, Maria, Simeon und Hanna waren nicht voll von Wünschen, sondern erfüllt von Hoffnung, und ihre Hoffnung war etwas ganz anderes: das Vertrauen darauf, dass die Erfüllung kommen würde, aber als Erfüllung der Verheißungen

Gottes, nicht einfach ihrer Wünsche. Hoffnung hat immer ein offenes Ende.

Denkt nur daran, was Maria nach dem Lukasevangelium zum Engel Gabriel sagt: »Ich bin die Magd des Herrn; mir geschehe, wie du es gesagt hast« (Lukas 1,38). Sie sagt also: »Ich weiß nicht, was das alles bedeuten soll, doch ich vertraue auf Gott und ich vertraue dir, und ich glaube, dass etwas Gutes geschehen wird.« Ihr Vertrauen war so groß, dass ihr Warten für alle Möglichkeiten offen war. Sie glaubte, dass sie auf das, was geschehen würde, vertrauen konnte, wenn sie nur aufmerksam zuhörte.

Ich habe in meinem eigenen Leben festgestellt, wie wichtig es ist, zu versuchen, meine Wünsche aufzugeben und stattdessen in Hoffnung zu leben. Wenn ich mich dafür entscheide, meine manchmal doch kleinen und oberflächlichen Wünsche aufzugeben und darauf zu vertrauen, dass mein Leben in den Augen Gottes wertvoll und von Bedeutung ist, beginnt etwas wirklich Neues für mich zu geschehen, etwas, was jenseits meiner Erwartungen liegt.

Mit Offenheit und Vertrauen zu warten ist eine ungeheuer radikale Lebenseinstellung. Sie bedeutet, sich für die Hoffnung zu entscheiden, dass etwas für uns geschieht, was unsere Vorstellung weit übersteigt – die Kontrolle über unsere Zukunft aufzugeben und unser Leben von Gott bestimmen zu lassen – in der Überzeugung zu leben, dass Gott uns in Liebe formt, in Zärtlichkeit hält und uns forttägt von den Quellen unserer Angst.

Unser spirituelles Leben ist also ein Leben, in dem wir warten – aktiv für den Augenblick da, in der Erwartung, dass Neues für uns geschehen wird, etwas, was weit außerhalb unserer Vorstellung oder Vorhersage liegt. In einer Welt, in der es so sehr um Kontrolle geht, ist das wirklich eine sehr radikale Lebenseinstellung.

Wie warten wir?

Zusammen mit der Familie und Freunden zu warten ist besser, als es allein zu tun. Das gemeinsame Warten ist zugleich menschlicher und göttlicher. Eine der schönsten Stellen im Neuen Testament fängt so an: »Nach einigen Tagen machte sich Maria auf den Weg und eilte in eine Stadt im Bergland von Judäa. Sie ging in das Haus des Zacharias und begrüßte Elisabet« (Lukas 1,39–40). Das ist die Geschichte von Marias Besuch bei Elisabet, kurz nachdem sie die Verheißung empfangen hat, dass sie einen Sohn bekommen wird. Was geschah also, als Maria die Worte der Verheißung gehört hatte? Sie ging zu Elisabet. Mit beiden, Maria und Elisabet, ereignete sich etwas. Doch wie konnten sie das Neue bewusst durchleben?

Ich finde die Begegnung dieser beiden Frauen sehr bewegend, weil sie zusammenkamen und es sich gegenseitig ermöglichten, zu warten. Der Besuch Marias machte Elisabet bewusst, worauf sie wartete. Das Kind in ihr »hüpfte ... vor Freude«. Maria bestätigte Elisabets Warten. Dann sagte Elisabet zu Maria: »Selig ist die, die geglaubt hat, dass sich erfüllt, was der Herr ihr sagen ließ« (Lukas 1,45). Und Maria antwortete: »Meine Seele preist die Größe des Herrn« (Lukas 1,46). Sie jubelte auch. Indem sie zusammen waren, schufen die beiden Frauen füreinander Raum zum Warten. Jede bestätigte der anderen, dass etwas geschah, worauf zu warten lohnte.

Hier sehen wir ein Modell für die christliche Familie und die christliche Gemeinde. Bei beiden geht es um gegenseitige Unterstützung, um Feier und Bestätigung, wo wir das emporheben, was bereits in uns begonnen hat. In Marias Besuch bei Elisabet kommt auf wunderbare Weise zum Ausdruck, was es bedeutet, eine Gemeinschaft zu bilden, zusammen zu sein, um eine Verheißung versammelt, und so anzunehmen und zu bestätigen, was unter uns geschieht.

Genau darum geht es auch beim Gebet. Beten bedeutet: sich um eine Verheißung zu versammeln. Auch wenn wir feiern, geht es genau darum: das, was bereits da ist, emporzuheben und gemeinsam die Freude auszudrücken. Und darum geht es schließlich auch in der Eucharistie: Wir danken für die Saat, die ausgebracht wurde, wir sagen: »Wir warten auf den Herrn, der bereits gekommen ist!«

Die ganze Bedeutung der Familie liegt darin, einander Raum und Unterstützung zu bieten für das Warten auf das, was wir schon erfahren haben. Christliche Gemeinschaft ist der Ort, an dem wir die Flamme der Hoffnung unter uns lebendig erhalten und sie ernst nehmen, sodass sie wachsen und in uns stärker werden kann. So können wir mutig leben, im Vertrauen darauf, dass in uns, wenn wir zusammen sind, eine spirituelle Kraft ist, die uns in dieser Welt leben lässt, ohne der Versuchung zu erliegen, zu verzweifeln. So können wir es wagen, zu sagen, dass

Der Weg des Wartens

Gott ein Gott der Liebe ist, selbst wenn wir überall um uns herum Hass erfahren. So können wir sagen, dass Gott ein Gott des Lebens ist, auch wenn wir überall um uns herum Tod, Zerstörung und Leid erleben. Wir sagen es gemeinsam. Wir bestätigen es uns gegenseitig. Zusammen zu warten und dabei das zu hegen, was bereits begonnen hat, in der Erwartung seiner Erfüllung – das ist die Bedeutung von Ehe, Freundschaft, Gemeinde und christlichem Leben.

Unser Warten wird immer durch Achtsamkeit für das Wort Gottes bestimmt, das auf so geheimnisvollen Wegen zu uns kommt. Wir warten in dem Wissen, dass jemand uns aufsuchen will. Die Frage ist, ob wir daheim sind! Sind wir in uns selbst zu Hause, bereit zu antworten, wenn es an der Tür läutet? Wir brauchen das gemeinsame Warten, damit wir einander helfen können, spirituell in uns zu Hause zu sein, sodass das Wort, wenn es kommt, in uns Fleisch werden kann. Deshalb steht die Bibel immer in der Mitte derer, die sich versammeln. Wir lesen das Wort, damit das Wort Fleisch werden und in uns ein ganz neues Leben führen kann.

Die jüdische Schriftstellerin Simone Weil sagt:

Der Weg des Wartens

»Geduldig in der Hoffnung zu warten ist die Grundlage des spirituellen Lebens.« Als Jesus von der Endzeit spricht, spricht er genau darüber, wie wichtig das Warten ist. Er sagt, dass die Völker gegeneinander kämpfen werden und dass es Kriege, Erdbeben und Elend geben wird. Die Menschen werden in großer Not sein, und sie werden sagen: »Hier ist der Christus! Nein, er ist dort!« Viele werden verwirrt sein, und viele werden sich täuschen lassen. Doch Jesus sagt, dass wir bereit sein müssen, dass wir wach bleiben und auf das Wort Gottes hören müssen, damit wir all das, was geschehen wird, überleben und zuversichtlich in der Gegenwart Gottes als Gemeinde zusammenstehen können (Matthäus 24). Das ist die Einstellung zum Warten, die uns zu Menschen macht, die in einer sehr chaotischen Welt leben und spirituell überleben können.

Gott wartet auf uns

Warten ist aber nicht immer aktiv – wie dasjenige von Zacharias und Elisabet, Maria, Simeon und Hanna, die auf Gott warteten. In der Passion und der

Auferstehung Jesu erkennen wir das Warten Gottes. Das ist der zweite Aspekt des Wartens, und auch er hat große Auswirkungen auf unser spirituelles Leben. Das Ende des Lebens Jesu offenbart uns einen wartenden Gott, der uns ein Beispiel für eine andere Art des Wartens gibt.

Zunächst möchte ich eine kleine Geschichte erzählen: Ein Freund, der schwer krank war, bat mich, ihn zu besuchen. Er war dreiundfünfzig Jahre alt und hatte ein sehr aktives, nützliches, gläubiges, kreatives Leben geführt. Er war ein sozial engagierter Mensch, der sich für andere Menschen eingesetzt hatte, besonders für die Armen. Mit fünfzig hatte er erfahren, dass er Krebs hatte, und seitdem hatte seine Gesundheit sich immer weiter verschlechtert.

Als ich zu ihm kam, sagte er: »Henri, jetzt liege ich hier im Bett und weiß nicht einmal, wie ich es verstehen soll, dass ich krank bin. Ich habe mich immer nur in Form von Aktionen, von Handlungen begriffen, durch das, was ich für andere tun konnte. Mein Leben war wertvoll, weil ich für viele Leute viel tun konnte. Und plötzlich liege ich hier, ganz passiv, und kann gar nichts mehr tun ... Bitte hilf mir, diese Situation in einem anderen Licht zu sehen! Bitte hilf mir, die Tatsache, dass ich nichts mehr tun kann, auf eine Weise zu verstehen, die mich nicht ganz verzweifeln lässt. Hilf mir, zu verstehen, was es bedeutet, dass jetzt alle möglichen Leute Dinge mit mir machen, über die ich überhaupt keine Kontrolle habe!«

Während unseres Gesprächs wurde mir klar, dass er sich unablässig fragte: »Wie viel kann ich noch tun?« Irgendwie hatte mein Freund gelernt, sich als einen Mann zu verstehen, der nur das wert war, was er tat. Als er dann krank wurde, setzte er daher seine ganze Hoffnung darauf, dass es ihm wieder besser gehen würde und er wieder das tun können würde, was er getan hatte. Aber diese Hoffnung würde sich nicht erfüllen, denn er hatte ja Krebs, und es würde ihm immer nur schlechter gehen. Er würde bald sterben! Wenn mein Freund seinen Wert daran bemaß, wie viel er noch tun konnte – was gäbe es, das ich ihm da sagen könnte?

Wir lasen dann zusammen ein Buch, *The Stature of Waiting* von W. H. Vanstone (New York 1983). Vanstone schreibt über die Agonie Jesu im Garten Getsemani und seinen Weg zum Kreuz. Bei dem, was ich jetzt weiter sage, möchte ich mich auf dieses beeindruckende Buch stützen. Mir und meinem

Freund hat es geholfen, besser zu verstehen, was der Übergang von der Aktion zur Passion bedeutet.

Von der Aktion zur Passion

Das zentrale Wort in der Geschichte über die Gefangennahme Jesu ist eines, über das ich bis dahin nicht viel nachgedacht hatte: *übergeben werden, ausgehändigt werden*. Das geschah in Getsemani – Jesus wurde übergeben. Manche Übersetzungen schreiben, er sei »verraten« worden, doch im griechischen Ur-Text steht: »Judas wollte Jesus an sie (die Hohenpriester) ›übergeben‹« (Markus 14,10). Das Erstaunliche ist nun, dass dieses Wort nicht nur für Judas verwendet wird, sondern auch für Gott! »Gott hat seinen eigenen Sohn nicht verschont, sondern ihn für uns alle ›übergeben‹« (Römer 8,32).

Der Ausdruck »übergeben werden« spielt also eine zentrale Rolle im Leben Jesu. Durch das Drama des Ausgehändigt-Werdens wird es radikal zweigeteilt. Der erste Teil ist von Aktivitäten erfüllt: Jesus spricht, predigt, heilt, reist ... Doch nach seiner »Übergabe« wird er unmittelbar derjenige, der Dinge über sich ergehen lassen muss: Er wird verhaftet, zum Hohenpriester gebracht, vor Pilatus geführt, mit Dornen gekrönt, ans Kreuz genagelt. Man macht Dinge mit ihm, auf die er keinen Einfluss hat. Das ist die Bedeutung von »Passion« – derjenige zu sein, an dem andere handeln.

Wenn Jesus sagt: »Es ist vollbracht!« (Johannes 19,30), meint er damit nicht nur: »Ich habe alles getan, was ich tun wollte.« Nein, er meint auch: »Ich habe zugelassen, dass alles, was mir angetan werden musste, mir angetan wurde, damit ich meine Berufung erfüllen konnte.« Es ist sehr wichtig, dass wir das erkennen! Jesus erfüllt seine Berufung nicht nur in Handlungen, in der Aktion, sondern auch in der Passion. Er erfüllt seine Berufung nicht nur, indem er das tut, wozu der Vater ihn gesandt hat, sondern auch, indem er zulässt, was ihm angetan wird.

Passion ist eine Art des Wartens – das Warten darauf, was andere tun werden. Jesus ging nach Jerusalem, um den Menschen dort die Heilsbotschaft zu verkünden. Und er wusste, dass er sie vor eine Entscheidung stellen würde: Willst du mein Jünger sein oder mein Henker? Dazwischen gibt es nichts. Jesus ging nach Jerusalem, um die Menschen dort in eine

Lage zu bringen, in der sie »Ja!« oder »Nein!« sagen mussten. Das ist das große Drama seiner Passion: Er musste darauf warten, was sie tun würden! Würden sie ihn verraten? Oder ihm folgen? In gewisser Hinsicht ist das nicht nur die Agonie des nahenden Todes, sondern auch die des Keine-Kontrolle-Habens und des Warten-Müssens. Es ist die Agonie eines Gottes, der von unserer Entscheidung abhängig ist, wie die göttliche Gegenwart unter uns durchlebt wird. Es ist die Agonie des Gottes, der es uns auf sehr geheimnisvolle Weise erlaubt, zu entscheiden, wie Gott Gott sein wird. Hier erblicken wir das Geheimnis von Gottes Menschwerdung. Gott wurde nicht nur Mensch, um unter uns zu handeln, sondern auch, um unsere Antwort zu empfangen.

In der Passion endet alle Aktion. Wenn wir übergeben werden, warten wir darauf, dass an uns gehandelt wird. Das ist das Geheimnis der Arbeit, das Geheimnis der Liebe, der Freundschaft, der Gemeinschaft – immer gehört dazu, dass an uns gehandelt wird. Und das ist das Geheimnis der Liebe Jesu. Jesus in seiner Passion ist derjenige, der auf unsere Antwort wartet. Gerade in diesem Warten wird uns die Stärke seiner Liebe und der Liebe Gottes offenbart.

Der Weg des Wartens

Wenn wir gezwungen wären, Jesus zu lieben, und ihm nur auf seinen Befehl hin antworteten, wäre das keine wirkliche Liebe.

All diese Einsichten in die Passion Jesu waren in den Gesprächen mit meinem Freund sehr wichtig. Er erkannte, dass er nach viel harter Arbeit jetzt warten musste. Er sah ein, dass seine Berufung als Mensch sich nicht nur durch seine Handlungen, sondern auch in seiner Passion erfüllen würde. Und zusammen begannen wir zu verstehen, dass gerade aus diesem Warten allmählich neue Hoffnung, neuer Friede und sogar neue Freude erwuchsen. Uns wurde die Herrlichkeit Gottes offenbart.

Die Herrlichkeit Gottes und unser inneres Leben

Auferstehung ist nicht einfach Leben nach dem Tod. Zunächst ist sie das neue Leben, das in der Passion Jesu, in seinem Warten, entspringt. Die Geschichte vom Leiden Jesu offenbart auf geheimnisvolle Weise, dass die Auferstehung sogar mitten in der Passion durchbricht. Eine Schar von Leuten, die von Judas geführt wurde, kam nach Getsemani. »Jesus ... ging hinaus und fragte sie: Wen sucht ihr? Sie antworteten ihm: Jesus von Nazaret. Er sagte zu ihnen: Ich bin es.... Als er zu ihnen sagte: Ich bin es!, wichen sie zurück und stürzten zu Boden. Er fragte sie noch einmal: Wen sucht ihr? Sie sagten: Jesus von Nazaret. Jesus antwortete: Ich habe euch gesagt, dass ich es bin. Wenn ihr mich sucht, dann lasst diese gehen!« (Johannes 18,4–8).

Gerade in dem Augenblick, als Jesus ausgehändigt wird und seine Passion beginnt, offenbart er seine Herrlichkeit: »Wen sucht ihr?... Ich bin es.« Diese Worte hallen bis zu Mose und dem brennenden Dornbusch zurück: »Ich bin der ›Ich-bin-da‹« (Exodus 3,14). Es sind die Worte, mit denen die Herrlichkeit Gottes sich selbst offenbart, und die Anwesenden stürzen zu Boden. Dann wird Jesus übergeben. In diesem Ausgehändigt-Werden sehen wir schon die Herrlichkeit Gottes, der sich selbst uns übergibt. Gottes in Jesus offenbare Herrlichkeit umfasst nicht nur die Auferstehung, sondern auch die Passion.

Jesus sagt: »Und wie Mose die Schlange in der Wüste erhöht hat, so muss der Menschensohn erhöht werden, damit jeder, der glaubt, in ihm das ewige Leben hat« (Johannes 3,14–15). Erhöht wird er als passives Opfer, sodass das Kreuz ein Zeichen der Verlassenheit wird. Erhöht wird er aber auch in Herrlichkeit, sodass das Kreuz gleichzeitig ein Zeichen der Hoffnung wird. Plötzlich erkennen wir, dass die Herrlichkeit Gottes, seine Göttlichkeit, gerade dann in der Passion Jesu durchbricht, wenn er am stärksten zum Opfer wird. So wird neues Leben nicht erst in der Auferstehung am dritten Tag sichtbar, sondern schon in der Passion, im Ausgehändigt-Werden. Warum? Weil die Fülle der Liebe Jesu gerade in der Passion durchscheint. Sie ist eine wartende Liebe, eine Liebe, die keine Kontrolle anstrebt. Wenn wir es uns erlauben, ganz zu fühlen, wie an uns gehandelt wird, können wir mit einem neuen Leben in Berührung kommen, von dessen Existenz wir gar nichts wussten. Das ist die Frage, über die mein kranker Freund und ich ständig sprachen: Konnte er mitten in seiner Passion das neue Leben spüren? Konnte er sehen, dass er durch die Erfahrung, sich vom Krankenhauspersonal behandeln zu lassen, auf eine tiefere Liebe vorbereitet wurde? Diese Liebe hatte auch schon all seinen Aktionen zugrunde gelegen, doch er hatte sie noch nicht voll und ganz erfahren. Und so erkannten wir allmählich gemeinsam,

Der Weg des Wartens

dass wir schon mitten in unserem Leiden und unserer Passion, mitten in unserem Warten, die Auferstehung zu erfahren beginnen.

Wie viel Kontrolle haben wir in der heutigen Welt? Ist unser Leben nicht zum großen Teil eine Passion? Die Leute, die Ereignisse, die Kultur, in der wir leben, und all die Faktoren, die wir nicht beeinflussen können, handeln auf so viele Weisen an uns, dass für unser eigenes Handeln oft nur wenig Raum bleibt. Besonders klar wird das, wenn wir erkennen, wie viele von uns verletzt, behindert, chronisch krank, alt oder finanziell eingeschränkt sind.

In unserer Gesellschaft bekommen wir zunehmend das Gefühl, dass wir auf die Entscheidungen, die sich auf unsere eigene Existenz auswirken, immer weniger Einfluss haben. Deshalb ist es umso wichtiger, zu erkennen, dass es zum größten Teil unseres Daseins gehört, zu warten – in dem Sinn, dass andere an uns handeln. Das Leben Jesu zeigt uns, dass es zu unserem Menschsein gehört, nicht die Kontrolle zu haben. Seine und unsere Berufung erfüllen sich nicht nur in der Aktion, im Handeln, sondern auch in der Passion, im Warten.

Was für eine wichtige Botschaft für uns und für

Der Weg des Wartens

die Menschen in unserer Welt! Wenn es wahr ist, dass Gott in Jesus Christus auf unsere Antwort auf seine Liebe wartet, können wir das Warten im Leben aus einer ganz neuen Perspektive sehen. Wir können lernen, gehorsame – horchende – Menschen zu sein, die nicht ständig versuchen, zur Aktion zurückzukehren, sondern die Erfüllung ihres tiefsten Menschseins in der Passion, im Warten, erkennen. Ich bin davon überzeugt, dass wir dann der Macht und Herrlichkeit Gottes und unseres eigenen neuen Lebens nahe kommen und sie berühren werden. Zu unserem Dienst an den anderen wird es auch gehören, ihnen zu helfen, die Herrlichkeit durchbrechen zu sehen – nicht nur, wenn sie aktiv sind, sondern auch dann, wenn an ihnen gehandelt wird. Die Spiritualität des Wartens meint also nicht nur unser Warten auf Gott. Sie bedeutet auch, an Gottes eigenem Warten auf uns teilzuhaben und dadurch Anteil an der tiefsten Liebe zu gewinnen: der Liebe Gottes.

DER WEG DES LEBENS UND STERBENS

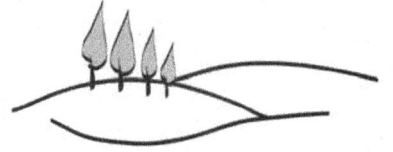

VOR EIN PAAR JAHREN wurde ich von einem Auto angefahren und ins Krankenhaus gebracht. Als ich in der Notaufnahme warten musste, fühlte ich mich sehr unwohl; ich hatte aber keine nennenswerten äußeren Verletzungen und glaubte daher, dass man mich sofort wieder nach Hause gehen lassen würde. Nach der Untersuchung sagte der Arzt freundlich, aber unmissverständlich: »Sie haben schwere innere Blutungen und sind in Lebensgefahr! Wir werden eine Operation versuchen, doch es kann sein, dass wir Sie nicht retten können.«

In diesem Augenblick veränderte sich alles. Der Tod war da, in jenem Zimmer, bei mir. Mir wurde klar, dass ich vielleicht in kurzer Zeit sterben würde. Ich war entsetzt, und mir wirbelten viele Gedanken durch den Kopf – bis ich dann ein weiteres einschneidendes Erlebnis hatte. So etwas war mir noch nie passiert: In all meiner Verwirrung und Erschütterung wurde ich plötzlich ganz ruhig. Ich spürte eine Art »Umarmung durch Gott«, die mich tröstete und mir sanft sagte: »Hab keine Angst! Dir wird nichts geschehen. Ich werde dich nach Hause bringen. Du gehörst mir, und ich gehöre dir.«

Ein ganz erstaunlicher Friede erfüllte mich, und als ich dann abends nach der Operation auf der Intensivstation allmählich wieder zu mir kam, war ich ungeheuer enttäuscht. Ich fragte mich: »Was mache ich hier, und weshalb lebe ich noch?« Diese Gedanken ließen mich nicht wieder los, und allmählich erkannte ich, dass ich meinen Tod vielleicht zum ersten Mal nicht mit den Augen der Angst betrachtet hatte, sondern mit den Augen der Liebe. Irgendwie hatte ich, wenn auch nur einen Augenblick lang, Gott erkannt, ich hatte mich bedingungslos geliebt gefühlt und erfahren, wie es ist, Gott zu lieben.

In den nächsten Wochen dachte ich immer wieder über dieses Erlebnis nach – und mir wurde bewusst, dass in meinem Leben noch Unerledigtes zu tun war. Es gab bestimmte Verletzungen in der Vergangenheit, an denen ich festhielt – einigen Menschen hatte ich nicht vergeben; und andere hatte ich verletzt und nicht um Vergebung gebeten. Außerdem hatte ich mich bis dahin nie mit der Tatsache beschäftigt, dass ich – wie wir alle – eines Tages sterben würde, als ob der Tod von mir persönlich ganz weit entfernt wäre. Diese Überlegungen berührten mich tief, und ich kam zu dem Schluss, dass mir weitere Zeit geschenkt worden war, damit ich ein erfüllteres Leben führen und mich besser auf meinen Tod vorbereiten konnte. In meinem Herzen war ich davon überzeugt, dass ich von nun an ganz anders in der Welt leben würde.

Inzwischen bin ich dreiundsechzig, und ich werde alt. Es ist merkwürdig, mich selbst beim Altwerden zu erfahren und zu sehen, dass andere sich mir gegenüber entsprechend verhalten! Vielleicht lebe ich noch zwanzig Jahre, vielleicht noch zehn oder auch nur fünf – mir bleibt jedenfalls nicht mehr viel Zeit. In meinem Alter werden die nächsten zwanzig Jahre schnell vergehen. Viele aus meiner Klasse und viele meiner Angehörigen sind bereits gestorben, und das bringt mich dazu, über meine eigene Sterblichkeit nachzudenken. Weil ich jenes »Unfallerlebnis« hatte und weil ich alt werde, nehme ich das Wunderbare und Schöne an meinem Leben, aber auch seine große Beschränktheit durchweg stärker wahr.

Ich fühle mich angetrieben, die Realität meines eigenen Todes und das große Geheimnis im Angesicht dieses drohenden Ereignisses anzupacken. Da so wenige Leute darüber sprechen, fange ich mit einer Frage an: »Ist der Tod überhaupt ein Thema?« Mir ist klar geworden, dass er für die meisten meiner Freunde kein Thema ist. Die Leute, die ich kenne, denken nicht an den Tod oder die Fruchtbarkeit des Lebens nach dem Tod. Meine Freunde sagen Dinge wie: »Ich merke, dass ich immer weniger schaffe, aber ich hoffe doch, dass ich noch ein Weilchen lebe!«, oder: »Ich will meiner Familie nicht zur Last fallen!« Manche können den Gedanken, dass andere für sie sorgen müssen, kaum ertragen. Für viele kranke und alte Menschen ist das eine ganz große Sorge.

Außerdem scheint kaum jemand den Tod als etwas *Gutes* zu betrachten. Dieser Gedanke gehört nicht zu unserer Kultur und ist auch kein sichtbarer Teil der kirchlichen Lehre. Wenn die Kirche über den Tod spricht, geht es meist um das Jenseits, um Himmel oder Hölle oder um das ewige Leben. Das ist ohne Frage entscheidend; aber es bedeutet: Wenn wir an den Tod denken, fragen wir uns vor allem, *wohin* wir gehen, wo wir uns schließlich wiederfinden werden und ob es etwas gibt, auf das wir uns freuen können.

Der Weg des Lebens und Sterbens

Den Tod mit den Augen Jesu sehen

Wenn ich die Bibel lese, fällt mir auf, dass Jesus den Tod – besonders seinen eigenen – *nicht nur* als Wechsel von einem Ort an einen anderen betrachtete. In seinen Augen konnte sein Tod fruchtbar sein und seinen Jüngern großen Nutzen bringen. Für ihn war der Tod kein Ende, sondern der Übergang zu etwas viel Größerem.

Als Jesus ahnte, dass sein Tod näher rückte, sprach er seinen Jüngern gegenüber immer wieder von demselben Thema: »Mein Tod ist gut für euch, denn er wird viele Früchte tragen. Wenn ich sterbe, werde ich euch nicht allein lassen, sondern ich werde euch meinen Geist senden. Er wird euch offenbaren, wer ich bin und was ich euch lehre. Er wird euch zur Wahrheit führen und euch eine Beziehung zu mir ermöglichen, die es vor meinem Tod so nicht geben konnte. Mein Geist wird euch helfen, eine Gemeinde zu bilden und stärker zu werden.« Jesus erkannte, dass die wahren Früchte seines Lebens erst *nach* seinem Tod reifen würden. Und deshalb sagte er noch: »Es ist gut für euch, dass ich gehe!« (Johannes 16,7).

Wenn das wahr ist, dann ist die wirkliche Frage

im Zusammenhang mit meinem eigenen Tod für mich nicht, wie viel ich vorher noch erreichen kann oder ob ich anderen zur Last fallen werde. Nein, die wirkliche Frage ist: Wie kann ich so leben, dass mein Tod für andere fruchtbar ist? Mit anderen Worten: Wie kann mein Tod ein Geschenk für die Menschen werden, die ich liebe, sodass sie die Früchte meines Lebens ernten können, nachdem ich gestorben bin? Diese Frage lässt sich nur beantworten, wenn ich bereit bin, die Sicht, die Jesus von seinem Tod hatte, für mich selbst zu übernehmen.

Wer war Jesus?

Da war die Stimme, diese unglaubliche Stimme: »Du bist mein geliebter Sohn, auf dir ruht mein Gefallen« (Markus 1,11; Lukas 3,22). Es war die Stimme vom Jordan, als Jesus hörte und glaubte, dass er der geliebte Sohn Gottes war, auf dem Gottes Gefallen ruhte. Als der geliebte Mensch lebte Jesus sein Leben – sogar in der Begegnung mit dem Dämon. Der böse Geist sagte zu ihm: »Beweise mir, dass du der Geliebte bist, indem du Steine in Brot verwandelst und dadurch eine wichtige Person wirst. Beweise mir, dass du der Geliebte bist, indem du etwas Spektakuläres tust und dich vom Tempel hinabstürzt, damit Gottes Engel dich retten. Dann kommst du in die Nachrichten und ins Fernsehen, und jeder kann sehen, wie wundervoll du bist! Beweise mir, dass du der Geliebte bist, zeige Macht und Einfluss, sodass du die Situation unter Kontrolle hast.« Doch Jesus antwortete: »Ich brauche überhaupt nichts zu beweisen! Ich *bin* der Geliebte, denn das sagte die Stimme, die ich im Jordan hörte. Ich weiß, dass ich der Geliebte bin, denn ich habe die Worte gehört: Du bist mein geliebter Sohn! Du bist mein geliebtes Kind!« Jesus glaubte der Stimme, und er erkannte, wer er war. Er lebte sein ganzes Leben als der von Gott Geliebte. Sein Geist war von Liebe erfüllt. Und er starb gut, denn er wusste, dass er zu Gott gehen und bald seinen Geist der Liebe zu seinen Freunden senden würde. »Es ist gut für euch, dass ich gehe!«, sagte er. »Denn nur dann kann ich meinen Geist senden, der euch zur vollen Gemeinschaft, zur vollen Wahrheit, zur vollen Vermählung führen wird.« Er wusste, dass seine geliebten Apostel, ausgerüstet mit diesem Heiligen Geist, ein besseres, glücklicheres Leben führen würden.

Der Weg des Lebens und Sterbens

Wer sind wir?

Bei dem, was ich euch gerade erzählt habe, geht es nicht nur um Jesus – es geht auch um euch und um mich. Jesus kam, um seine Identität mit euch zu teilen und euch zu sagen, dass ihr die geliebten Söhne und Töchter Gottes seid. Versucht nur einen Augenblick lang, dieses ungeheure Geheimnis zu erfassen – ihr seid, wie Jesus, die geliebte Tochter oder der geliebte Sohn Gottes. Das ist die Wahrheit! Schon vor eurer Geburt wurdet ihr geliebt. Schon bevor euer Vater, eure Mutter, eure Geschwister oder die Kirche euch liebten oder verletzten. Ihr seid die Geliebten, weil ihr von aller Ewigkeit an Gott gehört.

Gott hat euch schon geliebt, bevor ihr geboren wurdet, und Gott wird euch lieben, wenn ihr gestorben seid. In der Bibel sagt Gott: »Mit ewiger Liebe habe ich dich geliebt!« (Jeremia 31,3). Das ist eine Grundwahrheit eurer Identität. Das sagt, wer ihr seid, auch wenn ihr es vielleicht nicht spürt! Ihr gehört Gott, von Ewigkeit zu Ewigkeit. Das Leben ist lediglich eine kleine Gelegenheit für uns, ein paar Jahre lang zu antworten: »Ich liebe dich auch!«

Wenn ihr den Mut habt, zu glauben, dass ihr

schon vor eurer Geburt geliebt seid, werdet ihr plötzlich erkennen, dass euer Leben etwas ganz Besonderes ist. Ihr werdet erkennen, dass ihr nur für eine kurze Zeit – für zwanzig, vierzig oder achtzig Jahre – hierher gesandt worden seid, um zu entdecken und zu glauben, dass ihr geliebte Kinder Gottes seid. Auf die Länge der Zeit kommt es nicht an – ihr seid in diese Welt gesandt, damit ihr glaubt, dass ihr von Gott auserwählt seid, und dann euren Brüdern und Schwestern helft, damit auch sie erkennen, dass sie geliebte Söhne und Töchter Gottes sind, die zusammengehören. Ihr seid in diese Welt gesandt worden, um ein Volk der Versöhnung zu sein. Ihr seid gesandt worden, um zu heilen, um die Mauern zwischen euch und anderen niederzureißen, an eurem Wohnort, in eurem Land und auf der ganzen Welt. Bevor es all die Unterschiede gab, die Trennungen und die Mauern, die auf den Fundamenten der Angst erbaut wurden, herrschte Einheit im Geist und im Herzen Gottes. Und aus dieser Einheit heraus seid ihr in diese Welt gesandt worden, für eine kurze Zeit, um zu erkennen und zu verkünden, dass ihr selbst und alle anderen Menschen diesem selben Gott der Liebe gehört, der von Ewigkeit zu Ewigkeit lebt.

Der Weg des Lebens und Sterbens

Wenn ihr in dieser Welt für etwas auserwählt werdet, wisst ihr, dass ein anderer nicht auserwählt wird. Wenn ihr selbst der oder die Beste seid, ist ein anderer nicht der oder die Beste. Wenn ihr gewinnt und einen Preis bekommt, wisst ihr, dass ein anderer verloren hat. Im Herzen Gottes aber ist es anders. Wenn ihr im Herzen Gottes auserwählt worden seid, habt ihr Augen, um zu sehen, dass auch andere auserwählt worden sind. Wenn ihr durch die Liebe Gottes gesegnet seid, habt ihr Augen, um zu sehen, dass auch andere gesegnet sind. Das Geheimnis von Gottes wunderbarer Liebe besteht darin, dass ihr mit ihr in die Welt kommt und durch sie gesegnet seid, selbst wenn ihr es nicht wisst. Euer Leben ist geborgen in der Umarmung, in der Gott die ganze Menschheitsfamilie umfängt. Wenn ihr also mit den Augen des Glaubens seht, entdeckt ihr, dass ihr zu einer heiligen Familie gehört. Ihr seid Sohn oder Tochter, ihr seid Bruder oder Schwester. Ihr seid, auf zutiefst spirituelle Weise, Vater oder Mutter. Dieses kleine Leben bringt das alles zusammen!

Der Weg des Lebens und Sterbens

Wohin gehen wir?

Denkt an die Geschichte von Jesus auf dem Berg Tabor! Mose ist da, der Führer beim Exodus, und Elija, der an den Exodus erinnert; beide sind schon lange tot und reden mit Jesus über seinen persönlichen Weggang aus dieser Welt, seinen Exodus. Bei ihm sind seine lebenden Apostel Petrus, Jakobus und Johannes, die nicht viel sagen, sondern hören. Und da ist Jesus selbst und spricht über seinen Tod. Diese Geschichte ist wie die Erzählung vom Durchzug Israels durch das Rote Meer, denn es geht dabei um eine Reise, einen Übergang, einen Exodus, eine Taufe. »Ich muss mich einer Taufe unterziehen, und der Tod ist der Weg dazu«, sagte Jesus. »Wenn ihr mir folgt, wird er auch euer Weg sein.«

Eine der wichtigsten Aufgaben für euch und für mich ist die Entdeckung, dass unser Leben aus einer Reihe von Bewegungen oder Übergängen besteht. Wenn wir geboren werden, verlassen wir den Bauch unserer Mutter für die größere, hellere Welt der Familie. Das verändert alles, und wir können nie mehr zurück. Wenn wir in die Schule kommen, verlassen wir unser Zuhause und unsere Familie und gehen in eine größere Gemeinschaft von Menschen, wo unser Leben für immer umfassender wird. Später, wenn unsere Kinder erwachsen sind und uns auf der Suche nach mehr Raum und Freiheit, als wir ihnen bieten können, verlassen, erscheint unser Leben uns vielleicht nicht mehr so sinnvoll. Alles verändert sich ständig. Wenn wir älter werden, gehen wir in Rente oder verlieren unsere Arbeit, und wieder verändert sich alles. Es scheint, dass wir uns immer im Übergang von einer Phase zur nächsten befinden, immer irgendjemanden, irgendetwas, irgendeinen Ort gewinnen oder verlieren.

All diese Übergänge erlebt ihr in einer Umgebung, in der ihr ständig in Versuchung seid, zerstört zu werden durch Ärger, Wut und das Gefühl, zu Boden getreten zu werden. Die Verluste erinnern euch dauernd daran, dass nicht alles vollkommen ist und dass nicht immer alles so abläuft, wie wir es erwarten. Vielleicht hattet ihr gehofft, dass Ereignisse nicht so schmerzhaft sein würden, sie taten euch dann aber doch sehr weh. Oder ihr hattet euch von bestimmten Beziehungen etwas erwartet, was sich nie verwirklichte. Ihr stellt fest, dass euch die unwiderruflichen persönlichen Verluste – eurer Gesundheit, eures Lebenspartners, eurer Arbeit, eurer Hoffnungen, eurer Träume – mit Enttäuschung erfüllen. Euer ganzes Leben ist voll von Verlusten, von endlosen Verlusten. Und jedes Mal, wenn es zu einem Verlust kommt, müsst ihr Entscheidungen treffen. Ihr könnt euch dafür entscheiden, eure Verluste als Übergänge zu Wut, Vorwürfen, Hass, Depressionen und Ärger zu leben – oder aber dafür, sie Übergänge zu etwas Neuem, etwas Weiterem und Tieferem werden zu lassen. Die Frage ist nicht, wie wir Verluste vermeiden oder dafür sorgen können, dass sie nicht geschehen, sondern wie wir sie als Übergänge wählen können, als Exodus zu einem größeren Leben, zu größerer Freiheit.

Auf dem Tabor spricht Jesus darüber, wie er sich auf seinen letzten Übergang vorbereitet. Er ist nicht allein, sondern Mose und Elija, Johannes, Petrus und Jakobus sind bei ihm. Sobald er wieder vom Berg herabgestiegen ist, beginnt Jesus, davon zu sprechen, dass der Menschensohn leiden und sterben muss. Die Apostel sagen: »Nein, nein, das soll nicht mir dir geschehen!« Doch er erinnert sie daran, dass es nicht die ganze Geschichte ist, ihn voller Leben auf dem Berggipfel zu sehen – sie werden ihn auch in seiner Passion und am Kreuz sehen, des Lebens beraubt. Er lädt sie ein, seinen letzten Übergang kennen zu lernen, weil er glaubt, dass sie dann endlich das erstaunliche Geheimnis von all dem begreifen werden. Jesus vertraut darauf, dass sie dadurch von einem Augenblick zum anderen in eine ganz neue Sichtweise von Leben und Tod versetzt werden – dass sie sie sehen als etwas, was nicht beherrscht, sondern nur gelebt werden kann. Obwohl sie es kaum begreifen können, tröstet er sie mit den Worten: »Habt keine Angst!«

Erfüllt von dem Geist, den Jesus ihnen gesandt hatte, überlebten die Apostel seinen Verlust, und ihr Leben bewegte sich allmählich nach außen und vorwärts. Sie zogen furchtlos durch das Land und verkündeten überall die frohe Botschaft, denn sie wussten, wer sie waren und wohin sie letztendlich gingen. Sie fanden eine neue Freiheit als Schüler und Apostel von Jesus, und sie hatten keine Angst vor Verfolgung und Tod.

Und wie berührt ihre Geschichte die unsrige? Wo gehen wir hin? Nach einem sehr kurzen Besuch auf der Erde kommt für jeden von uns die Zeit, aus dieser Welt in die nächste zu gehen. Wir sind als Gottes geliebte Kinder in diese Welt gesandt worden, und durch unsere Übergänge lernen wir, einander als Mann oder Frau, Eltern oder Geschwister zu lieben. Wir unterstützen uns gegenseitig bei den Übergängen des Lebens, und wir wachsen gemeinsam in der Liebe. Schließlich werden wir selbst zum Exodus gerufen, und wir verlassen die Welt, um zur vollen Gemeinschaft mit Gott zu finden. Dann können wir wie Jesus unseren Geist der Liebe zu unseren Freunden senden. Unser Geist, die Liebe, die wir zurücklassen, ist tief in Gottes Geist. Er ist unser größtes Geschenk an die Menschen, die wir lieben.

Wie Jesus sind auch wir auf einer Reise, und wir leben, um unser Leben durch unser Fortgehen überaus fruchtbar zu machen. Wenn wir gehen, werden wir die Worte sagen, die auch Jesus sagte: »Es ist gut für euch, dass ich gehe, denn sonst kann ich euch meinen Geist nicht senden, um euch zu helfen und euch zu erleuchten.«

Fruchtbarkeit angesichts des Todes

Beziehungen sind ein Geheimnis. Wir können innige Beziehungen zu geliebten Menschen haben, die gestorben sind. Manchmal macht der Tod Beziehungen sogar noch enger. Ich möchte euch das an einem Beispiel zeigen: Ihr sitzt mit eurem Vater und eurer Mutter am Küchentisch. Das kommt wahrscheinlich oft vor, und ihr sprecht dann über das, was ihr an diesem Tag erlebt habt, oder über das Wetter. Wenn ihr euer Zuhause aber für eine Weile verlasst und in ein fremdes Land reist und eurer Mutter und eurem Vater schreibt, werdet ihr in euren Briefen manchmal Dinge sagen, die am Küchentisch nie gesagt wurden. Zum Beispiel: »Mutter, ich liebe dich so sehr! Vater, ich denke an dich und vermisse dich sehr. Ich wünschte, du wärest hier!« Ausdrücke für Nähe und Vertrautheit, die wir nicht benutzen, wenn wir zusammen sind. Aber schon eine kurze Abwesenheit, eine kleine Entfernung erlaubt es uns, in einer Beziehung eine Nähe zu erfahren, die wir nicht empfinden konnten, als wir physisch beisammen waren.

Das Sterben ist natürlich ein viel radikaleres Fortgehen als eine Reise. Trotzdem glaube ich fest, dass manche Menschen nach dem Abschied weiter sehr wichtig für uns sind, in unserem Herzen und durch unsere Erinnerungen. Uns an sie zu erinnern ist viel mehr, als nur an sie zu denken, denn wir machen sie dadurch zu einem Bestandteil unseres ganzen Seins.

Der Weg des Lebens und Sterbens

Weil ich diese Erfahrung kenne, kann ich aus dem tiefen Glauben heraus leben, dass ich anderen Liebe schenken kann, nicht nur hier, sondern auch nach meinem kurzen, kleinen Leben. Gott hat mich schon vor meiner Geburt geliebt, und Gott wird mich lieben, nachdem ich gestorben bin. Dieses kurze Leben ist meine Chance, Liebe zu empfangen, Liebe zu vertiefen, in Liebe zu wachsen und Liebe zu geben. Wenn ich sterbe, wirkt die Liebe weiter, und aus der vollen Gemeinschaft mit Gott heraus bin ich durch die Liebe bei denen, die ich zurücklasse.

In unserer Kultur wird der Wert eines Menschen an seinem Erfolg und seiner Produktivität gemessen. Welche berufliche Position haben Sie? Wie viel Geld verdienen Sie? Wie viele Freunde haben Sie? Was haben Sie geschafft? Womit sind Sie beschäftigt? Was machen Ihre Kinder?... Es ist aber wichtig, daran zu denken, dass unsere Fähigkeit zu dieser Art von Erfolg im Alter allmählich schwindet. Wir verlieren unsere Positionen, unsere Freunde, unsere Erfolge und unsere Fähigkeit, viele Dinge zu tun, denn wir fangen an, uns schwächer, verwundbarer und abhängiger zu fühlen. Wenn wir uns weiterhin aus dem Blickwinkel des Erfolgs betrachten, ist es um unseren

Zustand nicht gut bestellt! Weil in unserer Kultur Erfolg und Produktivität so viel gelten, erfordert es große Stärke, Verwundbarkeit nicht als etwas Negatives zu begreifen, sondern als etwas Positives. Haben wir den Mut, Schwäche als Chance zur Fruchtbarkeit zu betrachten? Im spirituellen Leben bezieht Fruchtbarkeit sich auf die Liebe, und diese Art der Fruchtbarkeit ist etwas ganz anderes als Erfolg oder Produktivität.

Es ist interessant, dass Früchte immer das Ergebnis von Verwundbarkeit sind. Ein Kind wird gezeugt und empfangen, wenn zwei Menschen in ihrer Intimität sich für den anderen ganz verwundbar machen. Die Erfahrung von Frieden und Versöhnung entsteht, wenn Menschen sehr ehrlich und mitfühlend miteinander umgehen, wenn sie verwundbar sind und offen im Hinblick auf ihre Fehler und Schwächen. Die Saat, die in aufgebrochenen – also verwundeten – Boden fällt, trägt viel Frucht. Daher ist es wohl weise, wenn wir beginnen, unser Denken zu ändern. Lasst uns aufhören, dem Erfolg nachzujagen, und anfangen, von einem Leben der Fruchtbarkeit zu träumen!

Als Jesus am Kreuz starb, war er unendlich verwundbar. Nichts war ihm geblieben. Alles hatte man ihm genommen, sogar seine Würde, und in den Augen seiner Kultur war er ein Versager. In Wahrheit jedoch war der Augenblick seines Todes am Kreuz der größte seines ganzen Lebens, denn dort wurde sein Leben das fruchtbarste Leben der Menschheitsgeschichte. Auch Jesus selbst betrachtete sein Leben und seinen Tod als fruchtbar: »Es ist gut für euch, dass ich gehe. Ich werde euch meinen Geist senden.«

Wenn wir alt und schwach sind, umgeben andere uns mit ihrer Unterstützung. Indem wir uns nicht gegen die Schwäche wehren und die Fürsorge anderer dankbar annehmen, fördern wir Gemeinschaft und bieten anderen die Möglichkeit, uns ihr Mitgefühl, ihre Fürsorge, ihre Liebe und ihren Dienst zu schenken. Wenn wir in die Hände anderer gegeben werden, werden sie gesegnet und bereichert, indem sie sich um uns kümmern. Unsere Schwäche trägt in ihrem Leben Früchte.

Das Sterben ist unsere letzte und größte Verwundbarkeit. Statt die Schwäche des Alters nur als die Erfahrung eines Verlusts nach dem anderen zu betrachten, können wir uns entscheiden, sie als Übergang zur Leere zu begreifen, durch den in unserem Herzen Raum geschaffen wird, damit es ganz vom Geist überfließender Liebe erfüllt werden kann. Sterben ist die größte Schwäche, aber es kann auch der größte Augenblick unserer Fruchtbarkeit werden.

Angst vor dem Tod

Angst im Angesicht des Todes ist ganz natürlich, denn der Tod ist ein Geheimnis. Auch in mir haust die Angst vor dem Tod, doch ich will auf meinen Tod zugehen, ohne so sehr von der Angst beherrscht zu werden. Die Bibel sagt, dass das Gegenteil von Angst die Liebe ist. »Die vollkommene Liebe vertreibt die Angst« (1 Johannes 4,18). Ich glaube an dieses Wort, gehe gegen die Angst an und richte meine Lebensenergien darauf, Gott, andere und mich selbst tiefer zu lieben. Die Wahrheit ist, dass die meisten von uns sich wie Jesus dafür entscheiden, ihr Leben und ihren Tod für andere zu geben. Wir versuchen, so zu leben, dass andere durch unser Leben und unseren Tod gesegnet sind. Wir vertrauen darauf, dass Leben und Tod keine Frage des Schicksals sind. Dann sagen wir mit Jesus: »Es ist gut für euch, dass ich gehe!« Wenn wir so leben, wird die Angst vor dem Sterben viel, viel kleiner.

Der Weg des Lebens und Sterbens

Viele meiner Freunde sind wunderbar gestorben. Sie sagten: »Ich werde jetzt sterben. Ich habe ein wundervolles Leben gehabt, und dafür bin ich dankbar. Nun gehe ich zu Gott, und ich möchte, dass ihr euch an mich erinnert!« Wenn jemand, den ich liebe, auf diese Weise stirbt, kann ich gleichzeitig trauern und feiern, weil die Erinnerung an ihn ein großes Geschenk der Gnade für mich ist.

Ich muss etwas hinzufügen: Ich bin fest davon überzeugt, dass man das, was ich hier sage, allein wohl fast nicht schaffen kann. Wir brauchen Freunde um uns herum, die auch glauben, dass es wahr ist. In den letzten Jahren sind vier Mitglieder meiner Gemeinschaft gestorben. Helen war sehr lange krank, doch es war Tag und Nacht jemand bei ihr, und als sie starb, war sie nicht allein. Lloyd starb ziemlich unerwartet, doch wir hatten ein paar Tage, in denen wir uns um ihn scharten. Nach seinem Tod gab es viel Trauer und Schmerz, aber sie waren mit der Kraft vermischt, die daraus erwächst, dass man alles miteinander durchsteht. Als dieser Bruder uns in seiner Todesstunde rief, erinnerten wir ihn: »Wir sind bei dir. Hab keine Angst! Gott ruft dich heim, doch du wirst immer ein Teil unseres Lebens hier sein.«

Der Weg des Lebens und Sterbens

Mit der Angst vor dem Tod können wir also nicht gut allein fertig werden. Wir brauchen andere Menschen um uns, die uns ins Ohr flüstern: »Hab keine Angst vor dem Sterben, denn auch wenn du stirbst, wirst du immer auf eine sehr tiefe Weise bei uns sein!«

Wenn wir uns an die Toten erinnern

Vor seinem Tod sagte Jesus zu den Jüngern: »Bleibt zusammen, betet und wartet darauf, dass der Geist zu euch kommt!« Das verstanden sie aber nicht so recht, und außerdem waren sie in tiefer Trauer, nachdem er gestorben war. Sie mussten aufbegehren gegen das, was passiert war, und sich fragen, wer daran schuld war. Sie brauchten Zeit, um zu weinen, sich an die Vergangenheit zu erinnern und Jesus, ihren Freund und Anführer, zu vermissen. Sie mussten seine Abwesenheit spüren und sich verzweifelt danach sehnen, ihn zurückzubekommen. Erst nach einer Weile, als sie schließlich sagen konnten: »Ja, er ist wirklich gegangen!«, konnten sie seine Gegenwart auf andere Weise empfangen.

Der Weg des Lebens und Sterbens

So ergeht es auch uns, wenn jemand, den wir lieben, stirbt. Als Christen sind wir aufgerufen, geliebte Menschen wirklich sterben zu lassen – nicht nur in dem Sinn, dass wir sie begraben, sondern wir müssen auch unsere Erfahrung ihrer körperlichen Gegenwart sterben lassen, wir müssen sie *in* uns sterben lassen. Diese Reise durch die Trauer kann Jahre dauern! Wir warten auf unsere Verstorbenen oder suchen sie. Wir wollen sie zurückhaben. Wir fragen nach dem Sinn in ihrem Tod. Innerhalb eines Jahres kommt Weihnachten, und sie sind nicht da. Bald ist Ostern, und wir wissen, dass sie nicht hier sein werden. Geburtstage, Hochzeitstag … mit jedem wichtigen Tag des Jahres spüren wir wieder neu die unfassbare Abwesenheit.

Allmählich akzeptieren wir es, dass sie nicht irgendwo auf Besuch oder im Urlaub sind. Wir hören oder lesen etwas, was wir ihnen erzählen wollen, und dann fällt uns plötzlich wieder ein, dass sie nicht zurückkommen. Sie sind endgültig gegangen, für immer, unwiderruflich. Nach einer Weile bekommen wir vielleicht allmählich das Gefühl, dass wir die Trauerarbeit hinter uns haben, doch dann erinnert uns irgendetwas ganz unerwartet wieder an unseren Verlust, und wir stürzen erneut in tiefe Trauer. Der Mensch, den wir geliebt haben, ist nämlich *in* uns, er ist ein Teil unserer Seele, unseres inneren Lebens, und das Gehen-Lassen ist sehr, sehr schmerzlich. Deshalb dauert es lange, bis wir jemand, den wir lieben, ganz sterben lassen können.

Langsam, ganz langsam beginnen wir aber, zu erkennen und zu akzeptieren, dass die Beziehung, so wie wir sie kannten, unwiederbringlich vergangen ist. Und wenn wir es den Toten erlauben, aus unserem Leben gegangen zu sein, fangen sie kaum merklich an, in uns und unserer Erinnerung ein anderes, neues Leben anzunehmen. Wir vermissen sie immer noch, doch irgendwie entscheiden wir uns dafür, ohne ihre körperliche Gegenwart zu leben, und wir werden von einer neuen Sicht, von neuer Energie und neuer Kraft erfüllt.

Diese Verwandlung habe ich bei meinem eigenen Vater erlebt, nach dem Tod meiner Mutter im Jahre 1978. Er betrauerte ihren Verlust tief. Sie waren Gefährten, und sie hatten viele, viele Jahre zusammengelebt. Ihr Tod veränderte für meinen Vater alles, und er musste sich auf ein ganz neues Leben, ein Leben ohne sie, einstellen. Im Laufe der Zeit begann er aber schließlich, etwas Neues zu leben, er behielt sie in Erinnerung, klammerte sich aber nicht blind und verzweifelt an sie. Er konnte anerkennen, dass er ein wundervolles Leben und eine wundervolle Familie mit ihr zusammen gehabt hatte, dass er sie nun aber gehen lassen musste. Und als er das tat, schien in ihm eine neue Freude zu sein, eine neue Freiheit, eine neue Reife.

Ich habe auch Menschen kennen gelernt, die ihre Trauer offenbar nicht loslassen konnten. Vielleicht hätten sie sich treulos oder schuldig gefühlt, wenn sie ein neues Leben als Witwe oder Witwer gefunden hätten. Doch das ist falsche Pietät. Der Tod – unser eigener und der von Menschen, die wir lieben – ist nicht unser schlimmster Feind. Jesus ist gekommen, um uns zu zeigen, was Leben und Tod sind, und er betrachtet seinen Tod nicht als Scheitern, sondern als eine Gelegenheit, seinen Geist zu senden. Wenn wir unsere Augen stets auf Jesus richten und die Evangelien genau lesen, beginnen wir zu sehen, dass uns nach dem Tod eines geliebten Menschen neues Leben gesandt wird. Natürlich soll das nicht heißen, dass der Tod wundervoll ist und dass es keine Trauer, keine Schmerzen gibt. Der Tod an sich ist nicht wundervoll – er ist furchtbar! Aber die Weise, wie wir unseren Tod und den Tod von Menschen, die wir kennen und lieben, verstehen, kann uns von Grund auf verwandeln. Das dauert seine Zeit. Doch es ist möglich!

Meine Mutter ist gestorben; viele aus meiner Klasse sind gestorben, und in den letzten Jahren auch mehrere meiner ganz engen Freunde. Ich erinnere mich an jeden von ihnen, aber ohne Verzweiflung, denn ich weiß ja, dass sie endlich ihre letzte Heimat erreicht haben. Ich selbst bin derweil noch immer auf dem Weg dorthin. Diejenigen, die gestorben sind, leben in mir weiter und erfüllen mich mit ihrem Beispiel und dem reichen Erbe der Liebe aus ihrem irdischen Leben. Ihr Leben berührt meines, bedeutet viel für meines. Leider wird kaum erkannt, wie wichtig der Tod eines geliebten Menschen spirituell ist. Unsere Kultur verlangt ja, dass wir trotz unserer Trauer weiterleben, als ob nichts Wichtiges passiert wäre.

Liebe verwandelt unseren eigenen Tod oder den eines anderen Menschen aus einem Albtraum zu einem Geschenk. Als Mitglied einer Familie oder Gemeinschaft lassen wir die Toten zu uns gehören, ein Teil von uns sein, damit wir das Geschenk ihres Geistes empfangen können. Wir erinnern uns an geliebte Menschen, die gestorben sind – im Gottesdienst und im Gebet, bei Gesprächen, durch das Anschauen von Fotografien und durch Besuche an ihrem Grab. Das Leben geht weiter, und die Erinnerung an sie bereichert unser Herz.

Wenn wir uns mit dem Tod anfreunden

Wenn Menschen jung sterben, mit zwanzig, dreißig oder vierzig Jahren, habe ich das intuitive Gefühl, dass ihre Lebensspanne zu kurz für sie gewesen ist, um zu erfassen, wie besonders sie sind und wie fruchtbar ihr kurzes Leben ist. Ich beobachte das manchmal bei Freunden, die Aids haben und sich plötzlich dem Geheimnis der radikalen Endgültigkeit des Todes gegenübersehen. Sie werden leicht von Trauer und Wut überwältigt. Ich fühle sehr tief mit ihnen und trauere auch, weil sie ihre ungeheure Fruchtbarkeit nicht verstehen und schätzen. Mir ist klar, dass diese jungen Brüder und Schwestern eine große Herausforderung meistern müssen: sich mit dem Tod anzufreunden.

Da ich selbst viele Jahre gelebt habe, kann ich

mich auf das Sterben vorbereiten. Ich weiß, dass ich nicht darüber entscheiden kann, wie lange ich lebe – ich kann aber darüber entscheiden, *wie* ich leben will, wie ich mit dem Altwerden und meinem Exodus umgehen will. Vielleicht werde ich bettlägerig sein, und dagegen kann ich dann überhaupt nichts machen, doch ich entscheide heute mit meinen Fähigkeiten darüber, wie ich meine letzten Jahre leben will.

Als ich damals nach meinem Unfall und meiner Erfahrung des Friedens im Blick auf meinen Tod im Krankenhaus lag, fühlte ich mich sehr offen und frei, meine Besucher willkommen zu heißen und Zeit mit ihnen zu verbringen. Dabei überraschte mich vor allem, wie viele von ihnen sagten: »Henri, wenn du krank bist, bist du ein viel besserer Seelsorger! Endlich nimmst du dir die Zeit, zuzuhören. Du bist nicht so mit anderen Gedanken beschäftigt. Du hetzt nicht so wahnsinnig von einer Sache zur nächsten, und du bist viel fröhlicher und unbeschwerter! Was du jetzt sagst, hilft mir sehr. Die Besuche bei dir machen mir wirklich Freude!«

Mit dreiundsechzig bin ich mir sehr stark bewusst, dass für mich der Tod nur noch eine Frage von Jahren ist, von wenigen Jahren. Und mein Altwerden ist für mich eine Zeit, an meinen Übergang in ein reicheres Leben zu denken. Ich will dankbar dafür werden, dass mein Leben zur Vollendung kommen wird, und mich darauf freuen, all denen, die mir nahe stehen, meinen Geist der Liebe zu senden. Ich habe das Bedürfnis, offen über meinen Tod zu sprechen und die Gemeinschaft, in der ich lebe, meine Familie und meine Freunde dazu einzuladen, mich auf meinem Weg zum Ende meines irdischen Lebens zu begleiten. Ich will mich mit meinem Tod anfreunden.

Unser Weg

Gott ist Geist und die Quelle aller Liebe. Auf unserer spirituellen Reise sind wir gerufen, diesen lebendigen Gott der Liebe zu suchen und zu finden – durch Gebet und Gottesdienst, durch spirituelle Lektüre, durch Menschen, die uns geistliche Begleiter sind, durch mitfühlenden Dienst an den Armen und durch gute Freunde. Lasst uns die Wahrheit in Anspruch nehmen, dass wir geliebt werden, und unsere Herzen öffnen, um Gottes überströmende Liebe zu empfangen, die für uns ausgegossen wird. Indem wir jeden

Tag voll und ganz leben, lasst uns diese Liebe in all unseren wundervollen und schwierigen Beziehungen, Verantwortlichkeiten und Übergängen miteinander teilen.

Die Saat des Todes keimt und wächst in uns, doch die Liebe ist stärker als der Tod. Euer Tod und mein Tod sind unser letzter Übergang, unser Exodus zur vollen Verwirklichung unserer Identität als Gottes geliebte Kinder und zur vollen Gemeinschaft mit dem Gott der Liebe. Jesus ist den Weg vor uns gegangen und lädt uns ein, während unseres Lebens den gleichen Weg zu wählen. Er ruft uns auf: »Folgt mir nach!« Und er macht uns Mut: »Habt keine Angst!« Das ist unser Glaube.

Der vorangegangene Text geht größtenteils zurück auf eine Rede Henri Nouwens bei der Eighth National Catholic HIV/AIDS Conference in Chicago (Juli 1995) und auf ein Interview mit der Zeitschrift »Crosspoint« (Herbst 1995).

WORTE DES DANKES

Die Idee zu diesem Buch hatte Gwendolin Herder vom *Verlag Crossroad*. Sie machte den Vorschlag, dass Henri Nouwens »Der Weg der Macht«, »Der Weg des Friedens« und »Der Weg des Wartens« in einem Band über Wege zu einem erfüllteren Leben zusammengestellt werden sollten. Auf diese Weise verstärken die Essays sich in ihrer Aussage gegenseitig und ergeben ein zusammenhängendes spirituelles Werk. Ich bin Gwendolin für ihren kreativen Anstoß sehr dankbar.

Tim Jones kam eigentlich ins *Henry Nouwen Literary Centre*, um Forschungen für sein persönliches Projekt zu betreiben, doch als ich ihm erzählte, dass wir neues bisher unveröffentlichtes Material für einen weiteren »Weg«-Beitrag brauchten, machte er sich gleich an die Arbeit! Er fand nicht nur geeignetes Material, sondern machte auch hilfreiche Vorschläge bei der Zusammenstellung zum »Weg des Lebens und Sterbens«. Ich möchte ihm für seine Arbeit und seine Begeisterung danken.

Kathy Christie war in den letzten vier Jahren vor Henris Tod seine Verwaltungsassistentin. Sie kümmerte sich mit Liebe und Geschick um die vielen Facetten von Henris Leben und seine Publikationen und war über seinen plötzlichen Tod zutiefst erschüttert. Trotzdem blieb sie an ihrem Schreibtisch, rief Leute an, tröstete sie und hörte sich ihre Geschichten an. Nach Henris Tod hieß sie mich in ihrem Büro willkommen, und gemeinsam brachten wir das *Henri Nouwen Literary Centre* auf den Weg. Jetzt, da dieses Buch in Druck geht, liegen vier wundervolle, fruchtbare Jahre der Zusammenarbeit hinter uns. Kathy hat auch zur Vorbereitung dieses Buchs beigetragen – sie tippte nicht nur die verschiedenen Fassungen, sondern las außerdem meine Bearbeitungen und gab mir kluge, hilfreiche Ratschläge. Kathy ist das wandelnde Beispiel für jemanden, der die Wege des Lebens zielbewusst und voller Mitgefühl geht. Ihre Liebe, Unterstützung, Arbeit und Fürsorge waren für mich von unschätzbarem Wert.

Maureen Wright, die das *Henri Nouwen Literary Centre* jetzt verwaltet, tippte ebenfalls Texte für das

Buch und beriet mich bei der Zusammenstellung des Materials für den »Weg des Lebens und Sterbens«. Auch ihr möchte ich für ihre Arbeit und Unterstützung danken ...

Allen bin ich sehr dankbar – besonders aber Henri für die Texte, die er geschrieben hat und die mich inspirieren.

SUE MOSTELLER

Aus der Danksagung der amerikanischen Ausgabe

HENRI NOUWEN IM VERLAG HERDER

Jesus · Eine Botschaft, die Liebe ist
Mit Illustrationen von Rembrandt.
Herausgegeben von Michael O'Laughlin
192 Seiten | Gebunden mit Schutzumschlag | ISBN 978-3-451-27903-4
Das Leben Jesu – nacherzählt und gedeutet aus Texten von Henri Nouwen. Seinen Betrachtungen gelingt es, die Geschichte Jesu in einer ganz unverbrauchten Frische zur Sprache zu bringen. Illustriert mit meisterhaften Zeichnungen und Radierungen von Rembrandt.

Nimm sein Bild in dein Herz
Geistliche Deutung eines Gemäldes von Rembrandt
172 Seiten | Gebunden mit Schutzumschlag | ISBN 978-3-451-2404-1
Die Begegnung mit Rembrandts Meisterwerk »Die Rückkehr des Verlorenen Sohnes« (1668) wurde für Henri Nouwen zu einer existenziellen Erfahrung. Er erschließt in diesem Buch den spirituellen Reichtum des Gemäldes als Summe innerer Lebenserfahrung und christlicher Spiritualität.

Feuer in meinem Herzen
Die Kraft der Mitmenschlichkeit
Mit Illustrationen von Vincent van Gogh
Herausgeben von Franz Johna
144 Seiten | Gebunden mit Schutzumschlag | ISBN 978-3-451-29252-1
Henri Nouwen war ein Meister darin, die spirituelle Botschaft von Bildern zu entschlüsseln. Dieser Band bringt seine Betrachtungen über das Leben und die Gemälde des großen flämischen Malers Vincent van Gogh.

Bilder göttlichen Lebens
Ikonen schauen und beten
Neuausgabe zusammen mit Peter Dyckhoff | Mit sieben Ikonen-Abbildungen
160 Seiten | Gebunden mit Schutzumschlag | ISBN 978-3-451-29652-9
Henri Nouwen hat die Schönheit ostkirchlicher Kunst zeit seines Lebens so fasziniert, dass er Betrachtungen zu einigen bedeutenden Ikonen veröffentlicht hat. Die Neuausgabe wird eingeleitet von Peter Dyckhoff, der mit Nouwen in einem sehr persönlichen Briefwechsel stand.

Du bist der geliebte Mensch
Religiös leben in einer säkularen Welt
128 Seiten | Gebunden | ISBN 978-3-451-29282-8
Eines der erfolgreichsten und intensivsten Bücher Henri Nouwens. Eine Inspiration für alle, die auf der Suche sind, wie sie im Alltag zu einem spirituellen Leben finden können.

Die innere Stimme der Liebe
Aus der Tiefe der Angst zu neuem Vertrauen
128 Seiten | Gebunden mit Schutzumschlag | ISBN 978-3-451-26249-4
Ein Buch der Selbsterkenntnis, das zeigt, wie auch aus bitterer Erfahrung Segen werden kann.

Ich hörte auf die Stille
Sieben Monate im Trappistenkloster
272 Seiten | Herder Spektrum Taschenbuch Band 5537
ISBN 978-3-451-05537-9
Die weltbekannten Tagebuchnotizen aus dem Trappistenkloster bilden den Anfang des großen Werkes von Henri Nouwen.

HERDER

Leben hier und jetzt · Jahreslesebuch
400 Seiten | Herder Spektrum Taschenbuch 5570
ISBN 978-3-451-05570-6
Für jeden Tag des Jahres hat Henri Nouwen einen Impulstext verfasst.

Christi Weg nach unten
Eine Spiritualität für unsere Zeit
112 Seiten | Gebunden | ISBN 978-3-451-32188-7
Was bedeutet spirituelles Leben in einer von den Idealen des Wachstums und Aufstiegs bestimmten Gesellschaft? Henri Nouwen zeigt konkrete Wege, den »Weg Christi« zu finden und zu gehen. Ein provozierendes Buch!

Zeig mir den Weg
Ein Begleiter für die Fasten- und Osterzeit
Herausgegeben von Franz Johna
160 Seiten | Gebunden mit Leseband | ISBN 978-3-451-29357-3
Der Fasten- und Osterbegleiter mit Meditationen von Henri Nouwen sowie Bibelimpulsen und Anregungen für das Gebet führt durch alle Tage der Fastenzeit von Aschermittwoch bis Ostern.

Geliebt sein
Was es heißt, heute als Christ zu leben
Im Gespräch mit Philip Roderick
96 Seiten | Mit S/W-Fotografien | ISBN 978-3-451-32268-6
Henri Nouwen im Gespräch über die zentrale Frage, was es bedeutet, heute als Christ zu leben. Ein bündiges Kompendium des spirituellen Weges, für den Henri Nouwen steht: Mitten in der Erfahrung der modernen Welt auf der Suche nach einem authentischen christlichen Leben.

HERDER